楽しく学習・生活ルールが身につく！

学級づくりに効く！

わくわく ゲーム × システム

渡邉駿嗣

JN029310

学陽書房

はじめに

　本書は、子供が自分から楽しみながら、学校生活や授業についてどんどん取り組みたくなるゲームやシステムを紹介する本です。
　そして、そのことによって、学級の力を育てていくための本です。

　皆さんは「学級経営」という言葉にどのようなイメージをもっていますか？

　若年教員だった頃の私は、

「すごい先生がいて、語る言葉がすごいんだよな」
「子供の指導の瞬間を見逃さずに、心に刺さる指導をするんだよな」

なんていうイメージをもっていました。

　しかし、それは半分間違いでした。
　半分というのは、もちろんそういった「言葉」や「タイミング」を武器にすることは大切であるという意味です。では、残りの半分はなんでしょう。

　それは、「学級の力」です。先に述べた言葉やタイミングはおおよそ、教師自身のスキルやセンスによるものです。教師の力量が高ければ、学級を導くことができるでしょう。しかし、逆を言えば、その力量がなければ、学級経営上のたくさんのトラブルに巻き込まれていきます。

一方、「学級」自身が力をつけていけば、自ずと学級の経営はうまくいくようになります。これは、特別活動などでよく聞く「自己指導能力」に関係してくるものでもあります。実は、「学級の力」を高めることはそう難しいことではありません。

　若い頃の私が思っていたように、経験を積まないと「学級の力」を育てられないわけではありません。逆に、経験を積めば「学級の力」が育てられるわけでもありません。

　そのヒントが「システム」と「ゲーム」にあると考えています。

　本書には、学校生活の中で想定されるトラブルや困りごとに、この「システム」と「ゲーム」を用いて「学級の力」を高める方法が書かれています。

　ぜひ、先生方の学級と照らし合わせながら読んでいただき、みんながハッピーになる学級をつくっていただければと思います。

　2024年3月

渡邉　駿嗣

もくじ

第1章　1日のはじまりから使える！　わくわくゲーム×システムの学級づくり

第**2**章 授業中も静かに & 集中できる！
**子供も楽しい
わくわくゲーム×システム**

第3章
給食や昼休みも
わくわくゲーム×システムで
楽しく気持ちよく過ごせる！

第**4**章

掃除や帰りの会も
わくわくゲーム×システムでこんなに早くなる！

第**5**章

生活のことも
わくわくゲーム×システムで楽しく身につく！

第**6**章

係活動や学級集団づくりに使える!
わくわくゲーム×システム!

第 **1** 章

1日のはじまりから使える！

わくわく
ゲーム×システムの
学級づくり

どの子も朝の用意がすぐ終わる♪
出勤札システム

≫ 朝の準備がなかなか終わらない

　「おはようございます！」と元気に教室に入ってきたのはいいものの、ランドセルを背負ったまま友達と話をしている。ランドセルを置いて、どこかに行ってしまう。総じて朝の準備が終わらず、朝の会ぎりぎりになってしまう子供たちっていませんか？

出勤札で準備完了が一目瞭然！

　そんな子供たちは、朝の準備の優先順位を後ろに回しがちです。だったら、朝の準備を優先順位の一番にもってくるシステムを考える必要があります。そこで、「出勤札システム」を導入します。
　子供たちは全ての朝の準備が終わったら、この出勤札を裏返しにします。そうすることで、教師自身も朝の準備が終わっていない子を把握できるだけでなく、子供たち自身も「裏返さなければ！」という思いをもって朝の準備をします。

みんなでやろう♪の声かけでうまくいく

　「自分だけ裏返っていない！」という状況を子供はできるだけ避けたがります。その心理を突いているシステムです。全員が見やすい教室前方や後方の掲示物コーナーに掲示するとよいでしょう。子供たちに説明するときには、できている子供も多いので、できない子供のためのシステムではなく、あくまでも学級の取組として行うことを強調しましょう。

「出勤札システム」で朝の準備が終わるようにしよう！

朝の準備が終わった人から、自分の名前の札をひっくり返してくださいね。
朝の会が始まるまでに全員の札がひっくり返るといいですね。

提出物もOK。ランドセルも棚に入れ終わった！

しまった！　早くしないと朝の会までに裏返せない！

○○君の札、裏返ってないけれど、終わったかな？

友達のことを気にかけるきっかけにもなりますね♪

 一言アドバイス！

● 学年が上がれば、表計算ソフトなどでデータを共有しておいて、自分たちで毎日記録をつけていけるようにすれば、継続力もつきます。

宿題が苦手な子供が減った！
宿題選択システム

≫ 宿題を出したのにやってこない

　漢字スキルに計算プリント、音読に自主学習……。昨今の小学校ではよく見られるこれだけの宿題の量。慣れている子や得意な子はさっさとやってしまいますが、どうしても終わらない、できない子供たちが一定数いませんか？

宿題をもっと有意義に

　大前提として宿題の量が多いと子供はやる気を失います。そもそも「目的意識」がないことをしても効果がかなり薄いと考えられます。そこで、宿題の選択システムを導入します。

　「自分が苦手なことに取り組もう」「得意なことをもっと得意にしよう」という目的意識をもって取り組むことができるようになります。

出勤札との連携でうまくいく

　その日宿題で取り組むことを宣言するためのプリントを用意します。そこに、自分が取り組むこと、それが終わった後の評価を書きこんで宿題と一緒に提出します。提出したら、出勤札システムを裏返すという一連の流れにするとシステムがかみ合って機能します。

　習い事をしている子供にも配慮して、週に1回程度習い事での学びを宿題に置き換えられるようにすると、無理なく宿題を続けることができるようになります。

「宿題選択システム」で
宿題嫌いをなくそう！

自分で今日の宿題を決めて帰りましょう。やることは何でもよいですよ。家で自分が決めた宿題をやって、振り返りをして、明日の朝、提出しましょう。

今日は新しい漢字を習ったから漢字を練習しようかな。

かけ算をもっと得意にするために計算をしてこよう！

今日の理科の実験がおもしろかったから、もう少し調べてこよう！

目的意識をもって取り組むって大事ですね。

一言アドバイス！

● 誰がどんな宿題に取り組んでいるか表計算ソフトなどにまとめ、学級で共有することができれば、子供自身で課題を見つけたり新たな興味にもつながります。

健康観察も全員ばっちりに！
健康観察クイズ

▶▶ 静かに健康観察を待つことができない

　毎朝の健康観察は、子供たちの体調を把握するためにもとても大切な仕事です。しかし、「〇〇さん」「はい、元気です！」と自分の番が終わったら、近くの友達と話を始めてしまう子供って一定数いませんか？

クイズ形式で子供の集中がはかれる

　そもそも、健康観察の意義をもう一度考えてみましょう。果たして、健康状態を把握しておけばいいのは、教師だけでしょうか？　子供たちも誰が元気で、誰がケガをしていて、誰が体調が悪いのか知っておく必要がありませんか？

　そこで、健康観察クイズをします。全員が終わった時点で、体調が悪い人やけがをしている人、お休みの人などを確認するクイズを出します。

あらかじめのアナウンスでうまくいく

　あらかじめ、健康観察に関するクイズを出題することを伝えておきましょう。そうすることで、学級全体の健康をしっかり聞こうとする雰囲気ができます。クイズも、「〇〇だった人は何人でしょう？」「今日お休みの人は誰でしょう？」などと聞き方を変えることで、楽しみつつ、子供たち全員の健康状態を把握することができます。

「健康観察クイズ」で
全員の健康を把握しよう！

今から、健康観察クイズをします。学級全員の健康状態を聞いて、体調が悪い人がいないか、ケガをしている人がいないか覚えておきましょう。最後に、みなさんに聞きますよ。

○○さんは体調が悪いのか！　様子を見ておこう！

今日は3人も休みなんだな。体調管理に気をつけよう！

30人中26人が元気って言っていたな！

さて問題です。今日休みの人は何人でしょう？

 一言アドバイス！

● 一人名前を呼ぶたびに、少し間をあけましょう。そうすることで、静かな雰囲気のまま健康観察を続けることができます。

向きをそろえてスッキリ！
プリントマーカーシステム

>>> 提出されたプリントの向きがバラバラ……

宿題プリントや学習で使ったプリントなど、1日の中でプリントを回収するタイミングは多くあります。そのプリントを子供たちに集めてもらった後、いざ丸つけや、確認をしようとすると向きがそろっていなくて、同じ向きにそろえるところから始める……なんてことないですか？

ちょこっとマーカーを印刷しておくだけで効果絶大！

そもそもプリントを提出する際に向きを考えて出していない子供のほうが多いと考えています。「出す」ことが目的であり、「そろえる」ことは目的に入っていないですからね。

そこで、プリントを印刷する段階で提出の向きがわかるようにマークを入れておきます。マークを入れておくだけで、自然と向きをそろえて出すことができるようになります。

テンプレートを用意してうまくいく

しるしとなるマークはできるだけいつも同じ向き、同じ形、同じ場所に配置しておくことで、子供はマークを上にするという意識をもって提出することができるようになります。たまに、違うマークやキャラクターの画像などを入れると子供の目を引き、自然と意識化することができ、プリントの向きをそろえるための手立てになります。

「プリントマーカーシステム」で プリントをそろえよう！

プリントの右上部にマーカーをつけます。プリントを作るソフトの図形の中から自分で使いたい形を決めてマーカーにします。

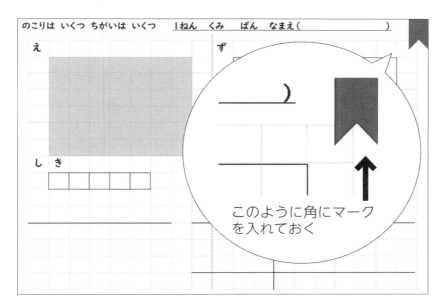

このように角にマークを入れておく

❶ プリント上部にしるしをつける。
❷ しるしを上にして出すように知らせる。
❸ 集めるときに声かけをする。

 一言アドバイス！

● 最終的には何もなくてもそろえて出せることが目的であるため、マーカーを徐々に小さくしていくとよいでしょう。

お知らせが短くなったね♪
お知らせタイムアタック

≫ 朝の係からのお知らせが多すぎて時間が足りない！

　学級内の係の活動がうまく回っていると、朝の会で係からのお知らせがたくさん伝えられることがあります。活動としては、この上ない成功ですが、貴重な朝の会の時間。どうにかして短く済ませたいですよね。

1つの係20秒でのお知らせを徹底！

　朝のニュース番組などでも、企業のイベントなどを告知するコーナーがありますよね。それを朝の会のお知らせでも行います。もちろん数秒過ぎることがあっても最後まで言わせてあげますが、時間を意識しながら相手に伝える力もついてきます。20秒ぴったりでお知らせができた係は何とも言えない達成感を味わっています。

ホワイトボードに書いてうまくいく

　あらかじめ朝の会の前までに、各係のホワイトボードに端的にお知らせを書いておきます。それを誰が言うのか、どこまで伝えるのか、ホワイトボードに書いていないことを中心に伝えたほうがよいかなど、計画的に話し合いをするように伝えておきます。また、お知らせがある係は、挙手制ではなく、事前に黒板に貼ってある学級全体のホワイトボードに書いておけば、言う係の順番決めなどで時間がかかることを防げます。

「お知らせタイムアタック」で スピーディーな朝の会を！

今から、係からのお知らせをしてもらいます。各係は20秒以内でお知らせをお願いします！

遊び係からです。今日、昼休み、ドッジボールを行います。場所は砂場前です。ルールやチーム分けはホワイトボードを見てください。

バースデー係からのお知らせです。今日○○さんの誕生日なので、給食の時間に乾杯して歌を歌います。

新聞係からのお知らせです。最近学級で起きたおもしろい事件を募集しています。係が作った紙に書いて新聞係のボックスに出してください。

 一言アドバイス！

● 係の中でお知らせをする順番を回してもよいですし、広報担当をつくって自分たちが行っている活動の報告を中心に行う係員がいても盛り上がります。

COLUMN ❶

朝の時間の大切さ

　先生方なら、朝の時間の大切さは身にしみていることだろうと思います。とにかく朝は、いろいろなこととの戦いです。宿題の丸つけ、保護者からの連絡対応、欠席・遅刻・早退児童の確認、子供との会話……挙げだしたら切りがないほどの業務量を、あの朝の数十分の間に行っていきます。

　ただ一歩引いて他の学級を見ていると、ベテランの先生やいつも仕事をスマートに行っている先生の中には、そんなにバタバタしていない先生もいるのではないでしょうか？　きっとそれは、「システム」や「ゲーム」を学級経営の中に上手に取り入れて、子供に浸透させているからだろうと思います。

　この章で挙げてきたものの中には、最低限のマナーに関わる部分も含まれています。例えば、「提出物の向きをそろえること」であったり「準備を早く行うこと」であったりというものがこれに当たるでしょう。きっとそういった学級経営がうまくいっている先生方は、これらのシステムを子供に浸透させるときに、「プリントの向きがばらばらだったらどうかな？」と問いかけたり、「友達を待たせてしまうと、楽しいこともできなくなってしまうよ」と教えてあげたりすることを日々続けていらっしゃるのだろう思います。

　「システム」や「ゲーム」はあくまでも手段です。どうしてそのシステムやゲームをするのか？　ということは、発達段階に応じて話す場を設けてあげることが大切です。意味をもった「システム」と「ゲーム」が学級の中に位置付くように、私も日々子供たちと向き合っているところです。

第 **2** 章

授業中も静かに & 集中できる!

子供も楽しい
わくわくゲーム×システム

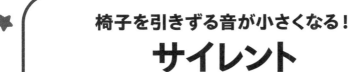

椅子を引きずる音が小さくなる！

サイレント スタンドアップシステム

≫≫「起立！」「ガガガガガ……」。あの音を消したい！

子供たちは、1日のうちで幾度となく立ったり座ったりします。そのたびに、教室中に「ガガガガガ」と、椅子を引きずる音が響きます。音に敏感な子供も多くなっています。音に驚かずにみんなが安心して学級で生活することができるようにシステムをつくりたいですね。

立つとき座るときは「椅子を動かさない」を徹底！

音がなる原因は、椅子を動かすことによる床との摩擦音です。だからといって、いちいち椅子を持って動かすのも大変です。それなら、椅子を動かさないで立ったり座ったりすることができればよいのではないかと考えました。椅子に寄りかかれない距離感なので最初は違和感があるようですが、慣れてくると背筋が伸びるなどの副次的効果が出てきます。

しるしをつけることでうまくいく

机と椅子の脚の位置にそれぞれ、マーカーもしくはテープを貼っておきましょう。椅子を動かさずに立ち座りができ、学習にも問題ない距離を明示するためです。毎回学習のはじめと終わりにマーカーの位置を確認してから立ち座りをする習慣をつけることで、自然と椅子を引きずる音がならない環境をつくり出すことができるようになります。

椅子の音が静かに変わる
「サイレントスタンドアップシステム」

机と椅子の間隔をとり、基本的にはその感覚は広げたり狭めたりしないようにします。この状態で立ち座りを行います。

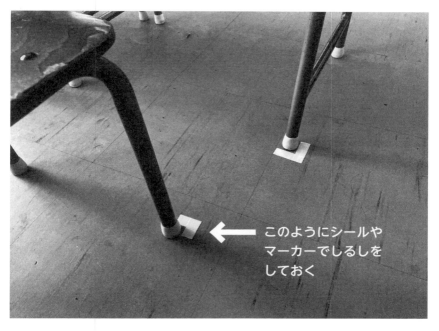

このようにシールや
マーカーでしるしを
しておく

❶ 椅子と机の間隔を調整する。
❷ マーカーやシールでしるしをつける。
❸ そこからずれないように立ったり座ったりする。

 ―一言アドバイス！―

● 時と場合に応じて背もたれを使ったり、使わなかったりすることがあるということを伝えましょう。

移動教室のとき静かに並べるようになる！
黙ってハンドサイン

≫ 「廊下に並びましょう！」「ザワザワ……」をなくしたい！

体育館に音楽室、理科室に図工室。学校の中にはたくさんの特別教室があります。学級ごとに整列してそこに移動して、学習が始まるのですが、なかなか静かに並べない。隣の学級ではもう授業始まっているし、申し訳ない……なんてことをなくしたい！

全てにおいてハンドサインを徹底

列に並べずにしゃべってしまう原因に、「自分の場所がわからない」ことと「指示が通っていない」ことが挙げられます。そこで、年間を通して並び方を固定するとともに、自分固有の番号（出席番号など）を割り振っておきます。その番号を指で表して並ぶことで、「○○君ここだよ！」などと声を発する必要がなくなります。同じように教師からの指示もハンドサインで出すことで、静かな状態が当たり前の環境をつくることができます。

小さな声かけでうまくいく

静かに並べるかどうかは、教室を出るときから始まっています。まず、出る前に教室全体を落ち着かせ、その後に落ち着いた声で指示を出しましょう。ここで、大きな声で指示を出してしまうと子供たちは興奮状態になるので、できるだけトーンを落として声かけをするように心がけましょう。

どこに行くにも
「黙ってハンドサイン」

教師と子供の間でそのサインの意味を共有しておけば、さまざまな並び方にも対応することができます。

2列で並ぶのか…

あらかじめハンドサインを子どもと共有しておく。

❶ 落ち着いたトーンで指示を出す。
❷ 自分の番号を手で示し並ぶ。
❸ 並んでいるときは教師もハンドサインで指示を出す。

 ―一言アドバイス！―

● 2列になったり4列になったりするときもこのハンドサインは使えます。手だけで子供とコミュニケーションがとれる優れものです。

机ガタガタ、椅子出しっぱなしがなくなる！
マスシールシステム

≫≫ なんだか机や椅子が整っていない……

　学習を始めたいけれど、机や椅子が整っておらず、雑然とした教室になっている。このまま学習を始めても、環境が整っていないから子供たちも落ち着いて学ぶことができない……。自分たちで机や椅子を並べられるようにしたい！

教室の縦横に基準となる「しるし」をつけよう！

　机や椅子が並べられない原因の一つに、何を基準に並べたらよいかわからないということが挙げられます。「前の人に合わせましょう」と指示しても、前の人がそもそもずれていたらどんどんずれていってしまいます。

　そこで、教室の床の縦と横に基準となるしるしをつけます。それを各列に貼っておくことで、子供がそれを見て机と椅子を並べることができるようになります。席替えをしても、基準は自分の前と横にあるので、どの席になっても自分で並べられます。

色分けテープでうまくいく

　列によって色分けをすることをおすすめします。自分の列の色はこの色！　とわかったほうが子供は並べやすくなります。しるしとなるシールを動物シールなどにすると、色での判断が難しい子でも並べやすくなります。

「マスシールシステム」で 机椅子をピシッとさせよう！

教室の床の縦横に、その列の基準となるしるしをつけましょう。子供はそのしるしを頼りに机と椅子を並べます。

↑
このようにシールや
マーカーでしるしをつける

❶ 列ごとの机の位置にしるしをつける。

❷ 子供一人ひとりが自分の基準となるしるしを把握する。

❸ そのしるしに沿うように机や椅子を並べる。

 一言アドバイス！

● 机と椅子を並べるときの合言葉を決めておくと、ババっと一気に動いてすばやく整えることができます。

忘れ物で学びがストップすることがなくなる！

レンタルシステム

>> 「消しゴムなくしました」「ノート忘れました」を撲滅！

　1日に5、6時間の学習がある子供たち。そんな中で忘れ物をしてしまうことなんて珍しくありません。そのたびに、対応に追われ、学びが滞ることは本来避けたいものです。

教室に「無料貸し出しボックス」を設置する

　鉛筆や消しゴムなどの筆記用具に関しては、教室の一角に「無料貸し出しボックス」を設置します。そうすることで、子供たちは、自分が忘れたものをそこから借りて使用することができます。使ったら鉛筆は鉛筆削りでとがらせて元の場所に返してもらうようにしておきます。図工の材料などは学級費であらかじめ多めに購入しておいて、必要なものを言ってからもらうシステムにしておけば、安心です。

　タブレット端末など1人1台しかないものに関しては貸してあげられないものもありますが、多くのものがこのシステムで解消できます。

順番を意識することでうまくいく

　教師に報告してから借りることを徹底します。教室で借りることができるからと安心してしまうと本質的な解決にはなりません。どうして忘れたのか。次どうすれば忘れないかなどを子供と共有することで、「次から気をつけよう」となり、必然的に忘れ物は減っていきます。

忘れ物が多い子も安心！
「レンタルシステム」

学校生活に必要なものは、忘れたときに教室に設置された「無料貸し出しボックス」から使うことができるシステムです。

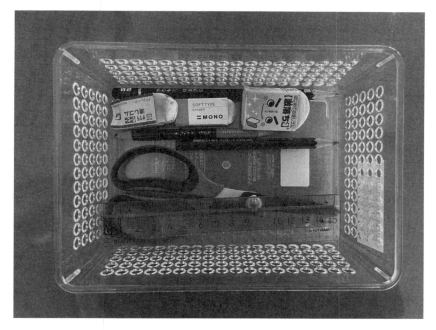

❶ 教師に忘れたものを報告する。

❷ 「無料貸し出しボックス」からものを借りる。

❸ 元の場所に返却する。

 一言アドバイス！

● あえて、回数券などを発行して、1か月に借りることができる回数を制限することで、忘れ物を減らすという方法もあります。

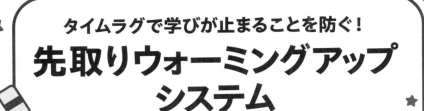

タイムラグで学びが止まることを防ぐ！

先取りウォーミングアップ システム

≫ 着替えや忘れ物で学習が始まらない

「〇〇君がまだ教室で着替えています！」「教室に絵の具を忘れてきました！」。そんなこんなで、学習が始められないなんてことありませんか？さすがに、学習を始めるわけにはいきませんが、準備ができている子供からすると待ちの時間が長いですよね……。誰も損をしないシステムがあったらいいのになーと考えてみました。

来た人から始める「ウォーミングアップ」

「誰も損はしない」、だけど、「いる人は得をする」という構図が一番望ましいと考えました。そこで、学習に関するウォーミングアップを先に来た人から始めてよいというシステムを導入します。体育であれば、準備運動を済ませておけば、すぐに学習に入れますよね。図工だったら、絵の具を出したり、混色を作ったりしておけば、すぐに活動に入れますよね。「ウォーミングアップシステム」を入れておけば、早く来た子供たちは損をすることなく他の友達を待つことができます。

やってよいことを決めてうまくいく

どこまでしておいてよいのかを明確に指示しておきましょう。特に体育は、教師の目が届かない場所での活動を行わないことや、図工では刃物などの準備は後にするなどの指示が必要です。

先に来たほうが得をする！
「先取りウォーミングアップシステム」

 2時間目の体育は、体育館でバスケットボールを行います。先に体育館についた人は、準備運動が終わったら、シュート練習をしていてよいですよ。

 よし！　早く行って、シュート練習をしよう！

 しまった！　朝来るのが遅かったから、体操服に着替えてないや！　急いで着替えよう！

 一言アドバイス！

● 早くしたほうが「得」であることを常々伝えておくとよいでしょう。学級全体に伝播すれば、全ての行動が早くなります。

話し合いを活性化したいときは
コの字型机システム

≫≫ スクール形式だとどうしても話し合いが活性化しない

教室のスタンダードと言えばスクール形式。全員が同じ方向を向いて学習をすることで教師自身も見取りやすく、子供もそれに慣れているという現状があります。しかし、誰かが発表しているときに、話している人のほうに体ごと向けないといけなかったり、話し合いの活動をするときにいちいち班の形にしたりする必要があります。それだったらいっそ最初から話し合いが活性化するような形にしておくというのもありです。

コの字型机配置で話し合いを活性化

そこで考えたのが、コの字型に机を配置するというシステム。教室の中心を空けるようにコの字型で机を配置します。この配置にすると、どの場所からでも黒板は見やすくなり、教室の中心が空いていることによって、その中心で発表したり、説明したりすることができます。また話し合う際には近くの人でグループをつくることができ、討論会などではすぐにその形にすることができます。

子供との共有でうまくいく

席を決めるときには、席替えの観点（P.116 参照）に沿って、子供たちで席替えを決めていくとよいでしょう。教師自身が教室の真ん中のスペースを使って話をすることで活用方法を理解させます。

目指せ！未来のスティーブ・ジョブズ 「コの字型机システム」

教室の真ん中を空けた机配置をすることで、対話活動が活性化され、プレゼンテーション能力やパフォーマンス力を高めることができます。

このように机を「コの字」にして、
どこからでも話し合いに参加できるようにする。

❶ 机をコの字型に配置する。

❷ 教師自身が教室の真ん中で話をする。

❸ 慣れてきたら子供たち自身でもさせる。

 ―一言アドバイス！―

● １年の最初から始めることが肝要です。

● スペースを使って何をしたいか子供に尋ねてみましょう。

話し合い活動で主体的に関わる！
アグリーカードシステム

>> 話し合い活動でまったく話せない子がいる

　学習では日常的に「話し合い活動」が位置付けられています。子供たちが意見を交わし、合意形成を図ったり、新たな価値を創造したりします。しかし、そんな中に「発言できていない子」はいませんか？　彼らも集団の一人として意見を述べられるようになってほしい！

まずは「賛成」「反対」が言えるようになろう！

　自分の考えを述べるって思っている以上にエネルギーが必要だし、勇気がいることです。日頃から発言に慣れていない子供からすると、かなりの負担です。ただ、「最初の1歩さえ踏み出せれば流れができて、話せるようになる」なんてこともあります。そこで、「賛成」「反対」を表すカードを使って自分の意思表示ができるようにしてあげましょう。その意思表示が、他の子供たちによってピックアップされて、どうして賛成なのか、反対なのかという議論になっていきます。少しずつ負荷をかけてあげることで、話すことへの苦手感をなくすことができます。

二項対立でうまくいく

　学習の中に、二項対立の状況をつくり出し、それぞれで判断ができるようにします。それについて班などの少人数グループで話し合う活動を位置付けることで、「賛成」「反対」の意思を表明しやすくなります。

話し合いが苦手でも大丈夫！
「アグリーカードシステム」

自分がその意見に対して賛成なのか反対なのかを意思表示することで、
学級集団の一員として参加できているという所属感をもたせます。

言葉を発しなくても自分の考えが伝えられるようにしておく。

❶ 教師が二項対立の状況をあえてつくり出す。

❷ それについて班などで話し合いをする。

❸ 友達の意見に対して、「賛成」「反対」のカードを挙げる。

 一言アドバイス！

● 全体の場での合意形成を図るためにも使える「賛成」「反対」
カードなので、机に常備させておいて、全員で使うとより
効果的です。

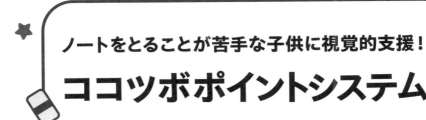

ノートをとることが苦手な子供に視覚的支援！
ココツボポイントシステム

>> 「なんでノートに書いていないの？」をなくしたい

　学習の中で、黒板に書かれたことを一言一句きれいに書く子供がいる一方、何をどのように書けばよいかわからずに結局何もノートに書けなかった子供もいます。彼らは書きたくないのではなく、書けなかったと言います。そんな子供たちもノートに書けるようにしてあげたい！

チョークの色で書くことを選別

　ノートがとれなかった子供たちは、どこが自分にとって大切な部分なのかを判断することができていません。そこで、教師が板書していく中で、「黄色」で書いた言葉を書き写すように指導します。黄色で書かれた部分が学習の中では大切なポイントだということを学級内で共有しておけば、必然的に、ノートをとることが苦手な子供もノートに書き写すことができます。

達成感を味わわせることでうまくいく

　ノートをとることが是ではありません。しかし、ノートをとることで自分が学習に参加しているんだ、何か自分は学びを得たんだという達成感を味わわせることができます。そういった小さな積み重ねが勉強嫌いを減らしていくと、教師側は認識しておく必要があります。

これでノートもばっちり！
「ココツボポイントシステム」

教師が板書にまとめていく際に、色分けや貼り物を使うことで、子供が何をノートに書いたらよいのか判断できるようになります。

色分けや囲みで板書のポイントがわかるようにしておく。

❶ 教師が板書を色分けしたり貼り物を使ったりしてまとめる。

❷ 苦手な子供は、教師が色分けした部分を中心にノートに書く。

❸ 可能ならその近辺の情報も書き入れておく。

 一言アドバイス！
● 余裕があればその日の板書を写真に撮って、子供が見られる場所にデータ保存しておけば、いつでも見返すことができるようになります。

2人で言えば怖くない!?
複数発表システム

≫ 自分の考えを言える子供たちを育てたい！

　学級の中で物静かな子っていますよね。本人が困り感を感じていないのであれば、そのまま過ごさせることが多いですが、学級集団としての高まりを目指して、「全員発表」や「1日1発表」などの取組をしている学級もあるのではないでしょうか？　全員発表で達成感を味わいたい！　でも、発表が苦手な子供に無理矢理させることはどうなのか……。そんな思いから始めた取組です。

1人で発表しないといけないなんてきまりはない

　発表って1人でしないといけないものでしょうか？　資料を持ったり、教具を動かしたりすることも発表になるのではないでしょうか？
　そこで、2人で発表することもOKにしてみましょう。片方がしゃべって、もう片方がそれを指示棒で指し示したり、教具を動かしたりして発表することで「発表することができた」という達成感を味わわせることができます。

意図的な指名でうまくいく

　まずは、授業の中で、そういった複数で説明を分担したほうがよい課題の提示や学習構成にしてみましょう。特に、グループやペアで話し合った後などは、「何人かで説明していいよ」と声をかけることで、チャンスをつくり出すことができます。

「複数発表システム」なら
全員参加の授業に！

今、みんなで話し合ったL字型の図形の面積の求め方を説明してください。

私、図形に線を引くから一緒に発表してもいい？

いいよ！　じゃあ私が説明するからその通りに線を引いてね。

一言アドバイス！

- ● ホワイトボードやタブレット端末を使った説明がおすすめ！
- ● まずは一緒に立つところから始めましょう！

立ち歩きが「ダメ」ではない環境に！
理由があれば
OKシステム

>> 「早く座って！」「なんで立っているの？」の声かけを減らしたい

　45分間の学習でずっと座っているって、子供にとってはとても大変なことです。にも関わらず、学習中に立ち歩いている子供がいると厳しい言葉で指導をしてしまいがちです。そんなことをなくしたい！

「なんのために立っているのか？」を聞こう

　離席自体は悪いことだとは考えていません。集中力を保つためにはある程度必要であると思っています。要は、離席するタイミングと根回しが足りないわけです。こちらも、「それさえ守ってくれたらいいよ」というスタンスでいましょう。そのために、立つ理由を問うようにしましょう。どうして離席するのか？　どのくらいするのか？　これって職場で持ち場を離れるときに、上司に報告するのと同じ感じですよね。

学級文化として定着させてうまくいく

　学級全体として、「離席自体」が悪いものではないことを共有しましょう。その奥にある「理由」に気付かないまま、こちらも注意をしてしまっていることがありますからね。離席に理由を求める文化は、トラブルが起きたときに「どうして？」という理由を聞く文化にもつながります。「離席」に対しての考え方を変えることで、学級全体の雰囲気もよくなっていきます。

「離席」の理由を問うことで、学級全体の雰囲気をつくる

 先生、〇〇君のところに行っていいですか？

 どうして〇〇君のところに行きたいのですか？

 どうしても自分だけだとわからないので、〇〇君なら知ってそうだからです。

 なるほど、友達に聞きに行くために席を立とうとしているのか……。

 いいですよ。

 一言アドバイス！

- 理由として適切ではないときは、しっかり NO を伝えましょう。

安心感のある挙手制度
自信度指システム

▶▶ 手を挙げるってとても勇気がいること

　自分自身、あまり積極的な小学生ではなく、できれば発表は避けたいなと思いながら過ごしてきました。ただ、それは自信がなかったからで、発表自体が苦手という感じでもありませんでした。今の子供たちの中にも同じ感覚をもっている子供がいるのかなと思います。無理に発表させても意味がないし、発表することで自信をつけてほしいというこちらの思いからも乖離しています。

挙手で自信度を示そう！

　そこで考えたのが、挙手で自信度を示すというシステム。1〜5段階で自信度を示します。一番自信があるよ〜という場合はパーで、当てないで〜という場合がグーということになります。内容や場面によって子供の手の出し方は変わってくるので、5段階もあれば柔軟に使い分けられます。

聞き方を変えてうまくいく

　ここで大切になってくるのが、教師の発言の仕方です。「これわかる人〜！」と聞いてしまうと、自信がないのに手を挙げることはできません。だから、「これってどうなるんだろうね？」のような聞き方をしてあげましょう。そうすれば、「それについては自信がないので当てないで」という意味でグーを出す子供がいてもよいですよね。

「自信がない」も主張になる

挙手する手を自信度で 1 ～ 5 段階に分けます。教師も、それに合わせて指名する順番や子供の気持ちを考えられます。

自信度を指で示して、誰からも分かるようにする。

❶ 教師の問い方を変える。

❷ 指の数で自信度を表す。

❸ その指の本数を見ながら子供の指名の順番などを考える。

 ―一言アドバイス！―

● 発表を聞いている途中で、自信度を変化させてよいことを伝えましょう。

● 変化の理由を友達の発言と関係づけて話せるとよいですね。

次の学習の準備がみんなできる
1 min 準備システム

≫≫ チャイムが鳴ったのに、学習の準備ができていない

　子供たちは、1日に多くの教科の学習を行います。準備するものは教科によってさまざま。だから、5分休憩をした後に机の上にそろっていないなんてこともしばしばです。時間を意識して生活することの大切さを教えることも大事だけれど、そんなことを1回1回話していたら学習が進まない……なんてことをなくしたい！

学習終わりの1分間を次の準備に使う

　子供たちは5分休憩の間に、トイレに行ったりお茶を飲んだり、場合によっては着替えたりする必要があります。もちろん5分の中でできることが望ましいですが、個で動くとどうしてもこちらとしても把握がしづらいところ。

　そこで、学習終わりの1分間を次の学習の準備に使います。今学習したものを片付けたり、次の時間に使うものをあらかじめ出しておいたりすることで、次の学習をスムーズに進めることができます。

システム連携でうまくいく

　この時点で忘れ物や足りないものがあったら、教師に伝えるように言いましょう。教室にある「無料貸し出しボックス」（→ P.30 参照）から借りることができるものは借りて次に備えることができるようにします。

「1min準備システム」なら
次の学習がスムーズに！

今から1分間で次の学習の準備をします。早く終わった人は、休み時間が増えますよ！

次の学習は国語だから教科書とノートを準備しておいたらいいな。

早く終わったら、休み時間が長くとれるから早くやろ〜っと。

みんな、すぐ準備ができてさすがです！　では授業を終わります。

 一言アドバイス！

- ●「休み時間を長くできる」というメリットを全面に出しましょう。
- ● 着替えなど時間がかかるものは長く時間をとってあげてもよいでしょう。

みんなが時間を意識して行動できる！

大画面で拡大

≫≫ 「もうチャイム鳴ったよ」「授業始まるよ」の声をなくしたい

　学校は、1分1秒単位で物事が進んでいます。授業は45分だし、休み時間は5分、給食は……と、時間を意識しないと生活することができません。しかし、子供たちの時間の感覚がルーズになると、どうしてもチャイムが鳴ってから座ったり、声をかけてもらうまで気付かなかったりすることも増えてきます。

大画面でタイマーを拡大表示！

　時間に間に合わないことの原因の一つに、視覚的情報が少ないことが挙げられます。頭ではわかっていても子供の時間感覚は大人の感覚とかなりのずれがあります。大人の5分は彼らにとってまだ1、2分くらいだと思ってください。

　そこで、視覚的情報を渡します。教室にある大型テレビやスクリーンにタイマーを表示しましょう。常に目に入ってくるようにすれば、多くの子供たちが時間を意識できるようになります。

時間のキャリーオーバーでうまくいく

　全員が着席したときに残っている時間をプールして、次の休み時間に回してあげるなどの取組も効果的です。時間に間に合った分、どこかで得をするという経験も子供たちにとって大切な成功体験になります。

大画面で時間を意識!

テレビなどの大画面に残り時間を提示することで、黒板に貼るタイマーなどでは意識できなかった時間を意識させます。

大型モニターで残り時間を表示して、意識できるようにする。

❶ タブレット端末をテレビなどモニターにつなぎます。
❷ タイマー機能アプリケーションを立ち上げます。
❸ 任意の時間をカウントダウン式で計ります。

 一言アドバイス！

● アラームの音を変えてあげるとその音を聞こうとすばやく座ってくれるようになります。
● カウントアップにして何秒かかったかを計ると、次回の取組への意欲にもつながるので、継続的にできます。

音読も提出が可能に！
音読宿題は録音

音読カードのチェックは大変

　音読をすることは文章をまとまりで読んだり、語彙を獲得する上でとても大切なものです。しかしながら宿題にしてしまうと本当にちゃんと読めているのか？　家の人にチェックをしてもらうのも大変ではないか？　などなど、いろいろな懸念が出てきます。

録音でレベルチェックも簡単に

　そこで考えたのが、「録音」というシステム。音読自体を録音アプリで録音して共有ツールなどで保存します。教師はそれを聞いて音読がちゃんとできているかどうかの確認を行います。長い文章をまるまる音読として宿題に出すと、こちらも全て聞くためにはかなりの時間を要します。そこで場面ごとに区切って宿題を出すなどの工夫も必要です。そうすれば短時間で子供の宿題を確認することができ、音読のレベルもチェックすることができます。

個々の実態に合わせてうまくいく

　録音自体は家だけでなく学校でやってもよいという声かけをしましょう。宿題という感覚からははずれますが、習い事や家庭の環境で家でゆっくり音読ができないという子供もいるでしょう。そういった子に配慮して学校での録音を許可してあげるとよいでしょう。

自分で聞き返せることもメリット

音読の宿題を録音して提出することにすれば、子供たちが自分で聞き返すことができます。音読のテストなどでも使えます。

データを送付してもらい、宿題をいつでもチェック。

❶ 録音アプリで音読を録音する。
❷ 録音したデータを提出する。
❸ 教師は提出データを聞いてチェックをする。

 一言アドバイス！

● 子供たちの録音を聞いたらコメントを残してあげるとよいでしょう。
● 音読のテストなどにも使えます。

子供も自己評価できる！
歌のテストも録音で

≫≫ 音楽のテストって緊張する

音楽のテストの雰囲気って独特ですよね。シーンとしてなきゃいけないし、歌うほうはかなり緊張もします。その中で自分の力を発揮するというのは、小学生にとってなかなかハードルが高いものでもあります。かといって、個別に呼び出してテストをしていると、他の子供たちは教室に残ることになるので物理的に厳しいです。そもそも歌や楽器の演奏自体のテストは他の子供たちの目の前でやる必要があるのでしょうか？

音楽のテストも録音でやってしまおう

歌や楽器のテストも音声データで残しておいたほうがこちらとしても聞き直しが可能であるし、子供たちも緊張感の中で歌ったり、演奏したりする必要がなくなります。音声はいつでも吹き込んでよいので、自分のコンディションがよいときに歌を歌ったり、楽器が弾けるようになってから演奏したりというフレキシブルな使い方ができます。そうすれば音読同様、教師のチェックも容易になります。

日常化させてうまくいく

日頃の練習から録音ツールを活用していきましょう。記録として子供自身が自分の声や演奏を聞くことで自己評価をしたり、改善点を洗い出したりすることができるようになります。

歌や演奏も聞き直せる

録音ツールを使って歌や楽器の演奏を録音しておけば教師が評価するのにも使えるし、子供自身が聞き直して評価や改善を行うこともできます。

人前で歌うことが苦手な子でも
のびのびと歌うことができるようにする。

❶ 録音ツールを使って歌や楽器の演奏を吹き込む。

❷ 録音したデータを提出する。

❸ 提出されたデータをもとに、教師は評価を行う。

一言アドバイス！

● 学級閉鎖が多い時期などにはとても重宝します。
● 場面緘黙などの子供も助かります。

COLUMN ❷

学習中のスモールトラブル

　学級は個々の集まりですから、もちろんいろいろな子供たちがいます。そんな子供たちですから、トラブルの種類もさまざまです。特に、学校の生活の大部分を占める「学習」の中では、スモールトラブルが頻発します（本当に、なんで？　また？　ってくらい起きます）。

　その学習中のトラブルは一見小さいように見えて、放っておくと大きくなりかねないこともあります。例えば子供の一人が学習の準備ができておらず、それを教師も他の子供たちも待っていたとしましょう。その場は収まっても、後日「指導をされている子供がいて、学習が進まなかった！」なんていう言葉を保護者からもらうこともあります。こちらの意図やその場の学級全体の状況は、なかなか理解してもらえないこともあります。「他の子供の学びの機会を奪わないように」するためにも、「学びを止めないシステム」が学習の時間の中ではキーワードであると考えています。

　また、学習中は個々の子供への対応の重要度も高い場面です。そのため、しんどい子も楽しんで取り組めるゲーム性があったり、子供が当たり前のように進められるシステムがあったりするだけで、教師側の負担って相当減るのだと思います。「発表の仕方」であったり「ノートの取り方」であったり、「個々の子供に配慮した支援」がこの章ではキーワードになると考えています。

　学習中に落ち着いてきた子供たちは、他の生活場面でも落ち着いてくることが多いように感じます。忍耐強くやっていきましょう！

第 **3** 章

給食や昼休みも

わくわく
ゲーム×システムで
楽しく気持ちよく
過ごせる！

早く給食準備をしたくなる !?

給食は静かな人から

>> 「全員が静かになるまで給食は配れません」をなくしたい

　給食って子供も教師も1日の中で一番楽しみなイベントになっていても おかしくありませんよね。そんな給食の準備って、割と動きが多くて特殊 です。そして、教師が給食当番につくので、教室が無法地帯になりがちです。

　そんなときにやってしまいがちなのが、「全員が静かになるまで給食は 配れません」という指導です。静かに待っている子供たちからするといい 迷惑ですよね。これをなくしたい。

静かな人から取りに行くシステム

　全員が静かになるメリットもありますが、給食の目的からすると、 少しずれてきます。そこで、静かに待てている人から給食を取りに行 くようにします。そうすることで、ちゃんと待っていた人は給食を選 ぶことができるというメリットが生まれます。給食を選びたい人ほど、 静かに待つ意識をもつことができるようになります。

係と連携してうまくいく

　給食係などをつくれば、係の子供たちに静かに待てている人をピッ クアップしてもらうようにしましょう。そうすれば、教師は全体を見 渡して行動することができます。また、給食時の待ち方がよかった子 供を賞賛することで、給食準備の間は静かに待つという文化をつくり 出すことができます。

給食は静かな人から取れば万事解決！

 給食を配膳する準備ができたら、静かに待ちましょうね。静かになった班から、給食係に呼んでもらいますね。

 今日おなかすいているから早めに取りに行って選びたいな。

 早く座って！　給食取りに行こうよ！

 あ、ごめんごめん。ついしゃべってしまっていたよ。

 目的意識をもって取り組むって大事ですね。

 ## 一言アドバイス！

● 静かにしているほうが、メリットがあるということを子供が理解できるように、最初に声かけしましょう。
● 残った班が静かではなくても、最後になったら呼んであげましょう。

給食時間にもタイムマネジメントを！
ぱくぱくタイム・もぐもぐタイム

≫≫ 楽しい給食時間でも、残菜が……

給食時間は、特別活動の目標の中で、望ましい人間関係や食習慣を身につけるという内容が設定されています。だからこそ、給食時間は友達と楽しく話しながら食べたい！　という思いは間違いではありません。ただ、それを重視してしまうと、タイムマネジメントができずに、あれよあれよという間に給食時間が終わってしまいます。そして、残菜が出てしまうのです。子供たちに食習慣や栄養についても学んでほしいという思いから、こんなシステムはどうでしょう？

しゃべってよい時間と黙って食べる時間の設定

子供は、どうしても一つのことに集中すると他のことがおろそかになりがちです。ここで言うならば、おしゃべりに夢中になって、給食を食べることがおろそかになります。それを防ぐために、給食時間のうち、５分間は黙ってもくもくと食べる時間を設定しましょう。

教師の話でうまくいく

子供の発達段階に応じて、食習慣や栄養素、カロリーについてなどを話してあげてもよいでしょう。どうして給食があるのか？　なぜバランスよく食べる必要があるのか？　などについて知り、子供自身が、給食の意味を理解して、「楽しんで」食べることができるようにシステムを運用していく必要があります。

「ぱくぱくタイム・もぐもぐタイム」で 残菜ゼロに！

 日直からです。
給食時間が残り5分です。
できるだけ残菜がなくなるように、残り5分は黙って
食べましょう。

 あと5分しかないのか。少し急ごう！

 食べ終わらないかもしれないけれど、残菜を減らす
ために少しでも多く食べるぞ。

 少しでも残菜を減らそうとする姿は大切ですね。

 一言アドバイス！

- 残菜の量を継続的にチェックしておくとよいでしょう。
- 学級の実態によって時間を調整してあげるとよいでしょう。

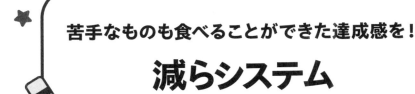

苦手なものも食べることができた達成感を！

減らシステム

>> どうしても食べられないものがある

　好きなものが出てくるのも給食、逆に苦手なものが出てくるのも給食です。しかし、給食は栄養バランスが考えられたものでもあるし、なかなか「食べなくてもいいよ」とは言いづらいですよね。とはいえ、配膳されたものの量を見て、絶望する子供がいることも確かです。そんな子供たちが給食を嫌いになることだけは避けたい。でも、少しでもいいから食べてもらいたい。そんな思いでシステムを考えてみましょう。

食べられるだけに減らしてよいシステム

　苦手なものが目の前にどーんとあると、なかなか箸が進まないものです。だから、このシステムでは、苦手な給食を自分が食べられる分まで減らしてよいことにします。そうすることで、その一口をクリアすれば、子供は達成感を味わうことができるでしょうし、何より、克服するための一歩を踏み出せるというわけです。

ルールを明確にしてうまくいく

　こうなると苦手なものを減らして、好きなものを増やす子供が出てきます。そこで、減らした場合は他の給食は増やせないというルールを徹底させましょう。不公平が生まれないように進める必要があります。もちろん、苦手なものを食べ終わった子供への賞賛は忘れずに。

苦手なものを減らせる「減らシステム」

苦手な給食を自分が食べられる分まで減らすことができます。その日は他の給食をおかわりすることができません。

苦手なものは食べられる分まで減らしてよいようにする。

❶ 苦手なものを食べられる分まで減らす。

❷ 苦手なものを食べ終わる。

❸ 食べ終わったことを教師が賞賛する。

一言アドバイス！

● みんなが苦手なものをたくさん食べてくれた子にも**賞賛**を。
● 苦手なものを食べられた日は保護者にも**共有してあげましょう**。

食べ方がきれいになる！
スプーンプレゼント！

≫ これ、お箸だと食べにくいな……

　給食を食べていて、これはお箸だと食べにくいおかずだなーと思うことはありませんか？　献立のバランスを見て、給食室で判断をしてもらっている学校もあるとは思いますが、なにぶん低学年期はお箸の使い方がまだまだ発展途上。ご飯粒を集めたり、コーンの粒を食べたりとお箸では難しい場面も多々あります。

スプーンの配付で、きれいに食べる習慣を

　そこで考えたのが、「スプーンプレゼント」というシステム。どうしてもほしいという子供たちに渡しましょう。使うのは、100円ショップなどで売っているプラスチック製のものでもよいですし、デザート等で使う紙スプーンもインターネット等で購入することができます。食器をきれいにするだけでなく、食器を洗ってくれる調理員さんのことまで考えられるような言葉かけも添えましょう。

選ばせることでうまくいく

　いつもいつもスプーンを配っていては、お箸の使い方が上達しません。どうしてもという場合に限って配ることをおすすめします。自分で判断して、「今日はがんばってお箸で食べてみよう」となると、目的意識をもって食べることができることに加え、お箸の使い方が上達していくことにつながります。

食べにくいものもスプーンで解決！

お箸では食べにくい給食のときに、使い捨てのスプーンを配ることで、きれいに食べることができるようになります。

使い捨てスプーンを用意しておいて
箸の使い方が苦手な子でもきれいに食べられるようにする。

❶ スプーンが必要か自分で判断する。

❷ スプーンを使ってきれいに食べる。

❸ 使い終わったスプーンを給食のゴミと一緒に捨てる。

 一言アドバイス！

● きれいに食べた食器を写真に撮って保護者に共有しましょう。

● 少しずつスプーンの使用頻度を少なくしていきましょう。

クーポンで優先権を！
おかわりクーポン

≫≫ あの給食、おかわりしたい

給食には人気のメニューがありますよね。そんな給食におかわりが出たときは争奪必至です。ただ、均等に配ると雀の涙ほどのおかわりになってしまいます。そして、教師側の負担も半端ではない。せっかくなら、もっと食べたい！　そんな思いを汲んでシステムを考えてみました。

クーポンの配付で、おかわりを特別な時間に

そこで考えたのが、「クーポン」というシステム。これ自体は、係活動で「くじ引き係」などが発行するとよいと考えています。これを持っていると、おかわりが優先的にできるという夢のようなクーポンです。そうすれば、ある程度人数を絞ることもできるし、「今日はクーポンを使うまでもないな」と判断する力もついてきます。子供たちは、クーポンをゲットすることができるように行動していくわけです。

特別感を味わわせてうまくいく

誰にでもクーポンを配付していると、特別感は失われます。だから、帰りの会などで、いいところ見つけをしたときに、いいことをしていた子供がくじを引けるなど、関連付けをするとうまくいきます。いいことをする→くじを引ける→おかわりクーポンがもらえるという好循環！　学級の文化としてもアリだと思いませんか？

「おかわりクーポン」で
おかわりに特別感を!

おかわりをするときに、おかわりクーポンを使って優先的におかわりができるようにします。クーポンはくじ引き係などが発行します。

クーポンを発行しておいて、
おかわりを優先してできるようにする。

❶ いいことをして、ほめてもらう。

❷ くじ引きをして、おかわりクーポンをゲットする。

❸ 自分がおかわりしたいもののときにクーポンを使う。

 一言アドバイス!

● 使用期限を設けるとおかわりクーポンが循環します。

● 発行枚数を制限しないとインフレ状態になります。

食べてくれた・分けてくれた人に感謝を！
おかわりには
2つのありがとう

≫≫ 給食のおかわりで気をつけていること

　学級の中には食習慣がさまざまな子供たちがいます。あまり食べない子、たくさん食べる子などさまざまです。ですから、給食を食べる量も子供たちによってまちまちです。食べられる分だけに減らす子供やたくさん食べたくて大盛りにしにくる子供。そんな子供たちに給食のおかわりで大切にしてほしいことを伝えています。

相手がいるから助かる

　食缶の中が空になるとみんな嬉しいですよね。ただ、給食を減らすと食缶の中に給食が残ります。その残った給食を食べてくれる子がいるはずです。給食を減らした子は、残した給食を食べてくれる子供たちに感謝をしてほしいです。逆に給食をおかわりしたい子供たちからすると給食を減らしてくれたおかげで、自分たちがおかわりすることができるわけです。減らしてくれた子供たちにも感謝です。システムとは少し違いますが、こういった感覚を子供たちと共有していくことはとても大切なことです。

互いに感謝できることでうまくいく

　まずは給食を増やしてくれたことにありがとうという言葉を伝えていきましょう。その中で「増やすことができたのは、減らしてくれる子がいたからだね」と伝えていくと、うまくいきます。

どちらにも感謝を伝える大切さ

給食を減らすほうも増やすほうもありがとうの気持ちを伝えることで
学級の雰囲気がよくなっていきます。

どちらにも感謝ができるように声かけをする。

❶ 減らしたい子供が給食を減らす。
❷ 増やしたい子供が給食を増やす。
❸ お互いが「ありがとう」の言葉を伝える。

 一言アドバイス！

● 増やす給食は均等に分けてあげましょう。
● 給食は食べられる分だけに減らしてあげましょう。

もうこれで床にゴミが落ちない！
デスクゴミ袋システム

>>> 気付けば床にゴミが落ちている

　小学校の1日の生活では、机の上でさまざまな作業をします。図工で材料を切ったり、給食を食べたりと必然的にゴミが出てきます。それを集めて、ゴミ箱に持って行ければいいのですが、気付かぬ間に床に落としていることもしばしば……。それが、掃除後の5、6時間目だと、放課後にも教室の掃除をして、なんていうことにもなりかねません。それはとても効率がよくないし、子供たち自身にもゴミの取り扱いには気を付けさせたいですよね。

机にゴミ袋を設置してみよう！

　そこで考えたのが、机に小さなゴミ袋を貼っておくシステムです。ゴミが出たら、その都度その袋の中に入れていくようにします。消しゴムで削った後のゴミや、図工で切った材料などを入れていきます。給食で出たゴミは、衛生的に問題のない範囲（ストローの袋など）のゴミは入れてよいことにすると小さなゴミは全て入ってしまいます。

小さくまとめるクセをつけてうまくいく

　ゴミはできるだけ小さくするということを伝えていきましょう。ゴミを入れるときに、紙くずなどをそのまま入れると容量がすぐいっぱいになることに気付きます。小さくしてから捨てるとたくさん入るということは環境面にも配慮ができています。

デスクゴミ袋システムで
床をクリーンに！

机に小さなゴミ袋を貼り付けて、日常で出る小さなゴミを集められるようにします。たまったらゴミ箱に移して、もう一度使います。

机の前に袋を下げておいて、ゴミを入れられるようにする。

❶ 机に袋を貼り付ける。

❷ 日常で出るゴミをその都度入れていく。

❸ 入らなくなったら、はずしてゴミ箱に移して、また使う。

 一言アドバイス！

● 貼り直しができるようにマスキングテープを使うとよいでしょう。

● 中身が見えないような白や黒のビニール袋がよいでしょう。

COLUMN ③

給食「指導」と掃除「指導」という
ハードル

　一般の人たちから見ると、「温かい給食を子供たちと食べて、一緒に掃除をすればいいんでしょ？」と思われがちですが、事実はもっと複雑ですよね。

　給食は、大きく分けて「つぎ分ける」「配膳する」「食べる」「片付ける」というプロセスがあります。掃除は、学校にもよるでしょうが、「ほうきで掃く」「ぞうきんで拭く」「ゴミを捨てる」「机を動かす」という役割が大多数だと思います。もっと細分化することもできますが、あまりにも多いのでこれくらいにしておきますね。というくらいやることが多いですよね。冒頭の一般の人たちにも知ってもらいたいものです。

　さて、話は逸れましたが、それだけやることが多いということは子供の混乱を招きやすいということです。うまくいっていないと、給食をこぼしてしまったり、残菜が増えてしまったり、ゴミの取り残しがあったり、掃除をしない子がいたり……とトラブルは枚挙にいとまがありません。

　しかし、裏を返せば、システムとゲームがうまく機能していれば、ここは教師があまり手を入れなくても子供たちだけでやっていける部分でもあります。どうしても、給食「指導」、掃除「指導」だから、「教えなければ！」という気持ちになりがちですが、事象を一つ一つ指導していくよりも、最初にシステムやゲームを浸透させてしまえば、あとは「見守る」だけでよくなります。

　「指導をしすぎると子供は言うことを聞いてくれなくなる」と思っています。子供を「見守る」時間を増やしたいものです。

第 **4** 章

掃除や帰りの会も

わくわく
ゲーム×システムで
こんなに早くなる!

ゴミはどこに集める?
ゴミ集めゲーム

▶▶ 掃除が終わった後に、ゴミの取り残し

　1日の中に必ず設定されている「掃除時間」。これは、私たち教師にとっては、「掃除指導」の時間になります。掃除をしてきれいになることの素晴らしさやそれを保つことの大切さを教えていきます。しかしながら、子供たちはゴミを集めることに対しては積極的ですが、捨てるということには無頓着なところがあります。掃除が終わった後に点検すると、あちらこちらに取りきれていないゴミが点在しているなんてことも……。

ここに集める!という意識をつくろう

　そこで考えたのが、「ゴミ集めゲーム」です。単純にどれだけゴミを集めることができたかを競います。教室の四隅に4色のケンステップをおきます。机の配置次第では場所を変えても構いません。そこにチームに分かれてゴミを集めていきます。ルールとしては単純ですが、自分たちの枠の中にどれだけゴミが集まるのかを競うので、結構盛り上がります。そして、その枠がどのチームのケンステップなのかはわかっているので、ちゃんと捨てておかないと、責任の所在もはっきりします。

ポイントシステムでうまくいく

　ポイント制にして、何ポイントか貯まったら、特典を与えるなどのシステムと併用すると盛り上がります。

「ゴミ集めゲーム」で
掃除をもっと楽しく！

ゴミを集める場所を4か所設置して、チームごとにゴミを集めていきます。勝ったチームにはポイントを進呈！

ゴミを集めたくなるポイントをつくる。

❶ ゴミを自陣に集める。

❷ 勝敗を決定する。

❸ ポイントを集めて特典と交換する。

 ─ 一言アドバイス！─

● 集めたゴミの種類をデータで蓄積しておいて、見ることができるようにしておくと、子供がゴミを出さないよう意識できます。

どれだけ汚れがとれる？
掃除の見える化

≫ 雑巾で隅々まで掃除をするって難しい

　子供たちは雑巾を使って床を掃除することが大半だと思います。しかし、雑巾って使えば使うほど、汚れていくものです。だんだん自分が掃除したところがきれいになっているのかを雑巾の汚れだけで判断することが難しくなっていきます。また、教室の角や窓の桟などの細かいところの掃除にはあまり向きません。きれいになったという実感もなく、時間は余っているのに「掃除終わりました！」という子供の声。どうにか掃除の達成感を味わわせてあげたいですよね。

掃除を楽しくするアイテムできれいを実感させる

　そこで考えたのが、「掃除棒」を使った掃除ゲームです。掃除棒の作り方は簡単で、割り箸にキッチンペーパーを巻きつけて輪ゴムでしばります。ある程度の掃除が終わって時間が余れば、それを使って隅々まで掃除をしていきます。キッチンペーパーなので、汚れがつきやすく、見た目で掃除がうまくできている実感が湧いてきます。

つけかえできるからうまくいく

　キッチンペーパーは1枚を1/4サイズに切っておいて、子供が巻きやすいようにしておきます。掃除が終わったら割り箸からはずして、キッチンペーパーだけ捨てるようにすれば、次の日も割り箸は使えます。掃除用の割り箸をストックしておく入れ物を用意しておきましょう。

「掃除の見える化」を
実現する「掃除棒」

掃除が早く終わった子に掃除棒を配って隅々の掃除をしてもらいます。汚れがつきやすいので目に見えて達成感を味わうことができます。

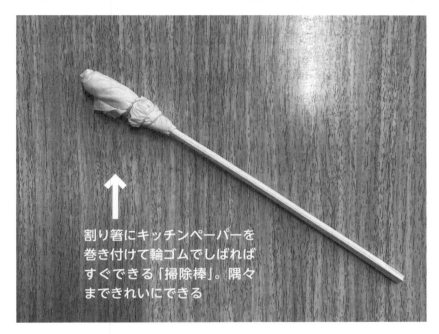

↑
割り箸にキッチンペーパーを
巻き付けて輪ゴムでしばれば
すぐできる「掃除棒」。隅々
まできれいにできる

❶ 掃除が終わった人は教師からチェックを受ける。

❷ 掃除棒をもらって、教室の角や窓の桟などを掃除する。

❸ 終わったらキッチンペーパーをはずしてゴミ箱に捨てる。

一言アドバイス！

● あくまでも残った時間で行います。メインは通常の掃除！

● どこが汚れているか考えさせるのも大切！

人にも床にも優しい
机ペア移動ゲーム

≫ ギィーッ、ガガガガガ……の音をなくしたい

机の移動は1日の中でたくさんあります。その度に、机を引きずってしまい、床との摩擦でいやーな大きな音が出ることも珍しくないですよね。大きな音が苦手な子もいるし、床にも少なからず傷は付くわけで……全てのものに優しい教室にしたい！

ペアだからこそ移動もスムーズに

そこで考えたのが、「机のペア移動ゲーム」。机が重くてもペアで運べば、引きずらずに済むし、案外一人で動かすよりも早くできることもあります。特に低学年の子供たちは、体も小さく、一人で運ぶことは危ないため、このペア移動ゲームをおすすめします。これがどうしてゲームなのかというと、早く終わったところから活動が始められるようにするからです。「音を鳴らさない」「早く終わらせる」という条件が、ゲーム性を生みます。

「ポップさ」を演出することでうまくいく

「このくらいの音ならいいや」を見逃さずにやり直しをさせることが大切です。どんなことにも言えますが、「このくらいでいいや」を認めると、それが基準になってしまいます。「残念でしたー！やり直しー！」とこちらもポップな感じで言うと、角が立たずにやり直しをさせることができます。あくまでもゲームという感覚が大切です。

「机ペア移動ゲーム」で
みんなに優しく

机を2人1組で持ち上げて移動させることで、いやーな音ともさようなら。終わった班から活動を始められるとゲーム性アップ！

一緒に運べば
音がならない！

ヨイショ

ヨイショ

1人で運べない子もいるので、一緒には運ぶシステムをつくる。

❶ 班の中で2人1組をつくる。

❷ ペアで机を移動させる。

❸ 全て終わった班から活動を始める。

 ─ **一言アドバイス！** ─

● お休みの子がいたら同じ班で助け合いましょう。
● 学習や給食などいろいろな場面で使えます。

さようならのタイミングは自分次第!?
列ごとの下校ゲーム

≫ いろいろなことが長引いて、帰りの会をする暇がない!

　学校はイレギュラーが日常茶飯事です。いろいろなことが起こって、帰りの会まで十分に時間をとることが難しい日もあります。そして、子供たちの帰りの用意のスピードもまちまち……。しかし、下校時刻は迫り、遅らせるわけにはいきません。

ゲーム導入で下校が早くできる

　そこで帰りの用意が終わった列から帰すという方法もあるなと考えました。少しでも早く教室から出したいのだけれど、悲しいかな教師側の焦りってあまり子供に伝わらないんですよね。

　そこでゲーム性を持たせて、帰りの用意が終わった列から教師のチェックをもらってさようならをするようにします。子供も早く帰りたいし、こちらの思惑と一致します。その際、大事な連絡は落とさずに伝えたり、もしくは ICT を用いた連絡ツールなどで示してあげるとよいでしょう。

子供に意識させてうまくいく

　時間がない=列ごとの下校かも?と思わせておくことが大事です。そうすれば、日頃から帰りの準備も早くなるし、姿勢を正して「この列そろいました!」なんていう素敵な姿が出てきます。

「列ごとの下校ゲーム」で
帰りの用意をスムーズに

帰りの用意が終わった列から下校することで、子供の帰りの用意のスピードが爆上がりします。

早く終わった列から帰ってよいと伝えておく。

❶ 列ごとに帰る指示を出す。

❷ 列で帰りの用意が終わったら教師がチェックをする。

❸ OK が出たら列ごとに帰る。

 一言アドバイス！

● 用意が遅い子が責められないよう、他の子が手伝うこともよしとします。

● 班ごとにすると、順位が多くなり盛り上がります。

COLUMN ❹

子供同士のトラブルシミュレート

　日々子供たちは、トラブルを起こします。そりゃ、赤の他人が30数人、学級の中にいれば、トラブルが起きないほうがおかしいですよね。いろいろな考えがあってよいのですから、それが衝突するのは必然です。

　さて、題に掲げている「子供同士のトラブルシミュレート」。もちろんトラブルは起きないことが一番なのですが、もしものときのために、「どのような声かけをしようか」ということをあらかじめシミュレートしておきます。

　私は「この子は、パニックになるから、最初はゆっくり話を聞いてあげよう」とか「この子は、自分がやったことを隠してしまうことがあるから、後から話を聞くほうがいいな」とか、いつも頭の中でぐるぐるシミュレーションしています。子供の性格や特性などを頭に入れておくことで、もしものときの対応がスムーズになります。

　あともう一つ、私が気を付けていることがあります。子供に対して自分のことを「先生」と呼ぶことはしません。これは、自分の経験の中から生まれたものです。「教師」というフィルターを通してではなく「一人の人間」として子供たちに向き合いたいと思っているからです。

　そして、同じように、子供たちのことも一人の人間として見ています。だからこそいわゆるため口ではなく、丁寧語を使って「大切にしているよ」という気持ちを込めて話をするようにしています。

　子供同士のトラブルの解決も同じです。「システム」や「ゲーム」云々の前に、人間としての信頼を得る必要があります。学校にいる間は、何もしていないように見えて、絶えず頭の中を子供で満たしている渡邉です。

第 5 章

生活のことも

わくわく
ゲーム×システムで
楽しく身につく!

机の中をいつもクリーンに
整理整頓の時間

≫ 「これいつのお手紙だっけ……」をなくしたい

　私自身、整理整頓がとても苦手です。「あ、このプリント返し忘れてたー！」とか「この書類探してたのよー！」ということは割とよくあります（オイッ）。そんなとき、私は定期的に机の中や棚の中を片付けます。そうしたら、またすぐに汚くすることをためらいます。これは、人間の心理らしく、きれいな状態を保ちたいという思いが強くなるようです。子供にとっても同じことが言えます。軽く2か月前のプリントが出てきたり、テストを持って帰っていなかったりと、あるあるですよね。

定期メンテナンスは大切

　そこで、机の中の引き出しの整理整頓を学級のシステムとして位置付けましょう。帰りの会の3分くらいを使って引き出しの中の整理整頓を行います。プリントやテストなどの持ち帰りを推進するだけでなく、鉛筆や消しゴムがそのまま机の中に入っている状態を改善することもできます。さらに、整理された状態を掲示物として掲示し、正しい例を子供たちと共有するとよりよくなるでしょう。

だんだん声かけを減らしてうまくいく

　どれくらいの間隔で整理整頓するのがいいかは学級の様子をしっかり見なければなりません。最初は毎日取り組んで、様子を見ながら少しずつ間隔を延ばして、最終的には子供たち自身でできたらいいですね。

「整理整頓の時間」を
システムとして位置付ける

整理整頓の時間を帰りの会の短時間で設定することで、引き出しの中をきれいに保つ習慣が身につきます。

短い時間での片付けを指示する。

❶ 帰りの会の3分程度で整理整頓の時間を位置付ける。

❷ 片付け終わったら、引き出しを机の中に片付ける。

❸ 整理整頓の間隔を少しずつあけていく。

 一言アドバイス！

● きれいな例を掲示物として掲示しましょう。

毎日きれいな引き出しに
引き出し全上げシステム

≫ 子供任せにするには限度がある

　前項で子供自身が引き出しをきれいにするシステムを紹介しましたが、それでも子供の机の中はラビリンスです。都合の悪いものを下のほうに隠していたり、整理できていなかったりなどはよくある話です。あまり粗探しをするのもどうかとは思いますが、こっそり整理してあげることで、「できた」という感覚を身につけさせてあげたい思いもあります。

引き出しなんて出して帰っちゃえ！

　片付いているという感覚は人それぞれです。だから、誰かと見比べる必要もあります。そのために、引き出しを机の上に上げて帰るようにします。上げたときに、誰かの机の整理整頓の素晴らしさに気付いてくれたらいいし、それによってその子の肯定感が上がることも期待できます。子供が帰った後は、ざっと全員の引き出しの中を見てあげましょう。もし雑然としていたら、プリントをまとめてあげたり、左右の引き出しの使い方を正してあげたりしましょう。

こっそり見ることでうまくいく

　建前では、「教師が見ていない」ということが前提になります。見られているという意識は高学年になるにつれて、マイナスにつながりかねないからです。低学年では全員ができていなくても、翌日「みんなできてたよ」とほめてあげましょう。

きれいな「引き出し」を
見せたいという思いを「引き出す」

帰りの挨拶をした後に、引き出しを机の上に出して帰るだけ！　友達の机が整理整頓されているのを見て、真似もできます！

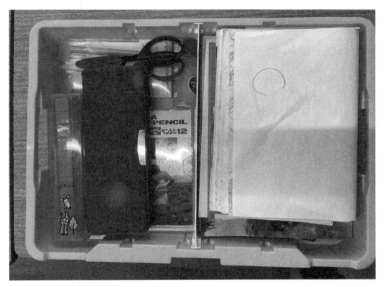

こんなふうに机の上に引き出しを出して帰ります。

❶ 帰りの挨拶をする。

❷ 机の上に引き出しを上げる。

❸ 帰った後に、子供の引き出しをチェックする。

 一言アドバイス！

● あくまでも「こっそりやる」のが鉄則。
● 特に上手な子供には個人面談などで保護者に伝えてあげましょう。

プリントは自分で取る
「もらっていない」を激減させるシステム

▶▶ プリントをもらっていない⁉

　「先生、プリントもらっていません！」「このプリント落ちていました」なんて言葉、よく聞きますよね。教師としては、プリントを配った時点で、こちらの手を離れていますから、誰がもらっていないとか落ちているプリントが誰のものなのかを把握することは困難です。しかし、大切なプリントだったり、宿題のプリントだったりと持ち帰ってもらわないと困るプリントも多くあります。

そもそも配らなくてよいのでは？

　教師が「配る」という作業には、その後に子供が「わたす」「もらう」という作業が発生します。これは、かなりのリスクを伴うなと考えています。その子の渡し方一つで、後ろの子がもらえないということもあるからです。そこで、プリントを入れるケースを設置しておいて、子供自身がプリントを取りにくるシステムを位置付けます。そうすることで、誰が渡してくれなかったとか誰のプリントかなんてことを探さなくて済みます。

ケースの色分けでうまくいく

　プリントを提出するケースは、全員が取るプリントと、特定の子供だけが取るプリントで色を分けておくことで、取り間違いや取り忘れを防ぐことができます。

あらかじめ設置したケースから「プリントは自分で取る」

プリントを配るのではなくて自分で取りにくるシステムです。ケースの色を分けることで取るプリントを判断できるようにします。

こんなふうにプリントを入れるケースを置いておきます。

❶ ケースを設置し、プリントを入れておく。

❷ 時間を設定して、プリントを取りに来てもらう。

❸ プリントが余っていたら、声をかける。

 一言アドバイス！

- 持ち帰らないと困るプリントもあるので計画的に。
- 重しをのせておけば風で飛ぶこともないですよ。

これ誰のプリントォォォォォ!を防ぎたい
プリントに名前を書く

≫ 毎日のように提出されるプリントや提出物

　子供たちは毎日さまざまなプリントを提出します。それを教師は並べたり、チェックしたりしていきます。大体30人くらいの学級が多いので、種類が増えれば、30×○種類という果てしない数のチェックを行っていきます。そんなときに発生する事件が、「名前書いていない事件」。これは、なかなかにきついですよね。それ以外の全てがそろっていれば誰のプリントか発見するのはたやすいですが、複数いる場合はなかなか至難の業。

名前を書く時間を確保しよう!

　そこで考えたのが、先に名前を書いておくというシステム。プリントを受け取った時点で、名前を書く枠に名前を書く時間をもうけます。もらうプリントは多種多様です。もし名前を書くスペースがない場合、隅っこに書いたり、時間がなくて名前を書けない場合、自分だけのマークを考えておいてサッと描くなどの手段も考えられます。

プリントケースの活用でうまくいく

　さらに言えば、前項のプリントケースにそのまま出すようにすれば、プリントの種類がバラバラになることを防げます。そして、重しもそのまま使えば風で飛んでいく心配も防ぐことができます。

「プリントに名前を書く」
癖をつけるシステム

もらったプリントにすぐに名前を書く時間を設定します。出す場所も
プリントケースに出してもらえば一石二鳥。

名前を書く時間をもうける。

❶ プリントをもらったら名前を書く。

❷ もらったプリントを持って帰る。

❸ 提出が必要なプリントはプリントケースに提出。

 一言アドバイス！

● プリントケースを準備しておきましょう。

● 切り取って提出するものは、小さいケースを用意します。

漢字の宿題は実りあるものに
関連する言葉集め

≫≫ 同じ漢字を反復して練習することの無意味さ

漢字の宿題を嫌がる子供って多いですよね。面倒だなという思いが強く、同じ漢字を何回も書かせるような宿題だとそれが2倍3倍になっていきます。結局、漢字嫌いが増えるとともに、関連する言葉が入っていかない子供が育ってしまいます。 結局、日常の中で使う言葉の意味がわからないなんてことが積み上がっていきます。

漢字で大切なのは「その漢字を使った熟語」

そこで考えたのが、その漢字を使った「言葉」を書くこと。例えば、「山」という漢字を宿題で書くとします。従来型の宿題なら、「山山山山山……」と書いていくのが定石でしょう。そこを、「山のぼり」「ふじ山」などの関連する言葉を書いていくようにします。「思いつくだけ書いておいで」と言えば、そんなに負担でもないし、書けば書くほど、それに関係する言葉を覚えていくことができます。もし、当該学年でない漢字を使っていたとしても認めて、評価してあげましょう。

掲示物に活用してうまくいく

子供たちが見つけてきた言葉をカードなどに書き出して教室に貼っていくと、日常の中でその言葉を使っていけるようになります。こぞって難しい言葉を探してくるようになります（笑）。

漢字の宿題は「関連する言葉集め」に期待！

漢字の宿題は、同じ漢字ばかり書かせるのではなく、関連した言葉集めをしてくることで、日常的に使える語彙を増やします。

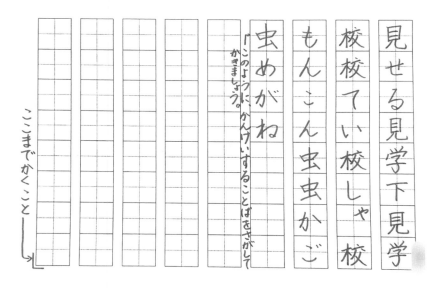

ここまでかくこと →

「このように、かんけいすることばをさがしてかきましょう。」

虫めがね

もんこん虫かご

校校てい校しゃ校

見せる見学下見学

例を示してあげることで、書きやすくする。

❶ その漢字に関連する言葉を集める。

❷ 集めた言葉をノートに書く。

❸ 子供が見つけてきた言葉をカードに書き記す。

 一言アドバイス！

● 集めた言葉のデータをタブレット端末に保存していくのもあり。
● カードを取り出し、子供がいつでも見ることができるようにしましょう。

図書の本を選べない子はコレ
読書ラリーシステム

》》図書室で本を選べない

　学校生活の中で図書室で本を選ぶタイミングはよくありますよね。しかし、本を選ぶというのは、子供にとってはなかなか難しいものもあります。どのジャンルのどのくらいのページ数の本を選べばいいか？　そこでつまずいてしまう子供も少なくありません。

マップで好きなジャンルを見つける

　そこで考えたのが、読書ラリーシステム。あらかじめこちらで用意したジャンルを地図のように並べ、ルートを作ってプリントに明記しておきます。子供はそのルート通りに本を選び、借りていきます。毎回毎回そのプリントに沿って本を選んでいけば、いろいろなジャンルの本を読むことができるようになります。その中で、自分が好きな本のジャンルを見つけていければよいと考えます。

図書室のラインナップを調べてうまくいく

　本を子供に紹介するためには、教師自身がどのようなジャンルの本があるか調べておく必要があります。低学年では特に絵本を中心に、中学年・高学年では伝記や小説などを中心にラインナップを考えておくとよいでしょう。読んだら、スタンプを押してもらうことで達成感も味わえます。

図書室で本を選べない！をなくす「読書ラリーシステム」

図書室にある本の中からジャンルを絞って地図形式のプリントを作ります。子供はそれに沿って本を選んでいきます。

マップにすることで、子どもが意欲を高めやすいようにする。

❶ 読書ラリーのマップを作成する。

❷ それに沿って子供は本を借りる。

❸ 毎週本を借りて、スタンプを集める。

 一言アドバイス！

● スタンプが貯まったら賞状を渡してもいいですね。
● 学習内容に沿って本を選んでおくのもあり。

週末の大移動を避ける

先に持ち帰るシステム

≫ 週末に信じられないくらいの荷物

　子供たちは日頃からたくさんの道具を使います。週末になると、その道具を一斉に持ち帰る光景が繰り広げられます。子供たちの体のサイズを考えると、あまり多くの荷物を一気に持ち帰らせることは適切ではありません。そのためにはこちらがある程度、予定を把握しておく必要があります。

時間割から逆算して、いらないものを持ち帰る

　そこで考えたのが「先に持ち帰る」というシステム。例えば木曜日に体育があった後、金曜日に体育がないとします。そのとき金曜日に体操服を持ち帰る必要はないですよね。木曜日に持ち帰っておけば、金曜日に持ち帰る荷物を少しでも減らすことができます。同じように習字道具や絵の具セットなど必要のないものは早めに持ち帰ることを心がけます。学年によってはかなりの荷物を持ち帰ることになる週末ですので、教師のマネジメントが求められます。

見通しをもたせることでうまくいく

　オンラインの連絡ツールなどであらかじめ時間割を一週間分出しておけば、子供たちも見通しを立てることができます。この活動を積み重ねていけば、子供たち自身が「先生、明日体育ありますか？　なければ体操服持ち帰っていいですか？」と聞けるようになります。

見通しを持った
荷物の持ち帰りでスッキリ

時間割を把握し、見通しを持っていらないものを持ち帰ることで、週末にたくさんの荷物を持って帰ることを避けることができます。

11_おしらせ

📄 1106_お知らせ	投稿日：15:00	⋮
📄 1102_お知らせ	投稿日：11月2日	⋮
📄 1101_お知らせ	最終編集：11月1日	⋮
📄 1031_お知らせ	投稿日：10月31日	⋮
📄 1031_お知らせ	投稿日：10月31日	⋮
📄 1030_お知らせ	最終編集：10月30日	⋮
📄 1027_お知らせ	投稿日：10月27日	⋮
📄 1027_お知らせ	投稿日：10月27日	⋮
📄 1026_お知らせ	投稿日：10月26日	⋮
📄 1025_お知らせ	投稿日：10月25日	⋮

おしらせを毎回投稿して、持ち帰るものを伝える。

❶ 一週間の時間割を把握する。
❷ 必要のない荷物を選ぶ。
❸ 週の半ばでも必要なければ持って帰る。

一言アドバイス！

- 行事などで、変更になることが多いので、運動会の時期などは特に気をつけましょう。
- 継続的に使うものは置いておく場所をつくりましょう！

メモの能力で生産性爆上げ
ちょこっとメモ

>> 同じことを何回言えばいいんだ？

　学校の先生になれば、誰しも一度は悩むことがあるコレ。ちゃんと伝えたはずなのになかなか伝わっていないこともしばしばです。しかし、子供たちもそんなに多くの情報を一気に覚えられるはずはありません。かと言って何回も同じことを聞かれるのは、こちらとしてもつらいものがあります。

机の中に常時、紙とペンを入れておく

　そこで考えたのが、「ちょこっとメモ」というシステム。メモと一口に言っても、そのやり方は子供によってさまざまです。ちょこっとだけ書く子供や箇条書きでたくさん書いていく子供、いろいろな子供がいてよいと思います。大切なのは、教師が話したことの大切な部分をメモすること。この癖をつけることは、学習中に誰かが言った大切なポイントや、考えを聞き取ることのできる能力につながります。机の中に常時、紙とペンを入れておけば、子供が勝手に取り出してメモをとることができるようになります。

メモを用意してあげたらうまくいく

　学級費に余裕があるのであれば、小さなメモ帳を子供1人に1つ買ってあげてもよいでしょう。もし難しそうであれば、紙を同じ形に切ったものをホチキスで留めて渡してあげましょう。

同じことを聞かれない
メモの絶大効果

日常的にメモをとる活動を位置付けることで、教師が言ったことを何回も何回も聞き返すことのない学級になっていきます。

私はこんなふうにメモ帳を作って子供に渡しています。

❶ 教師が紙の束でメモ帳を作ってあげる。

❷ 子供はそのメモ帳を机の中に入れておく。

❸ 必要なときに取り出してメモをとる。

 ─**一言アドバイス！**─

- メモ帳の予備を教室に設置しておきましょう。
- メモのとり方を指導してあげましょう。

おやっ？と思った言葉を指導したい
言い換えゲーム

▶▶ 気になる言葉を指導したいけど、説教っぽくなるのはいやだ

　子供同士のやり取りで、どうしても気になるなという言葉が出てくることは、教師なら一度は経験があることでしょう。しかし、その言葉を取り上げて、子供を指導するときに、どうしても説教っぽくなってしまいがちです。子供からすると怒られたという記憶だけが残り、どうしてその言葉を使ってはいけないのか？　どのような言葉を使ったらよいのか？　という本質までたどり着けていない子供も多いことでしょう。

学級全体で傷つかない言葉を考える

　そこで考えたのが、「言い換え」というゲーム。例えば、給食で嫌いなものが出たとしましょう。その子供が大きな声で「僕、この給食嫌い」と言いました。調理員さんが一生懸命作ってくれた給食を、クラスみんなの前で嫌いと言ってしまうことはあまりよくありません。そこで、「嫌いという言葉はよくないでしょ」と伝えるよりも、「みんなが傷つかない言葉にするにはどうしたらいいかな？」と言いましょう。「『苦手』って言ったら？」などの代案が出てくることでしょう。

前向きな言葉選びでうまくいく

　言い換えることがポイントなので、みんなでよりよい言葉を見つけていくことを目標に考えましょう。

よくない言葉をよい言葉に
「言い換えゲーム」

よくない言葉をよい言葉にみんなで変換していくことで、正しい言葉が学級の中に広がっていきます。

言い換えた言葉をその場でアウトプットさせる。

❶ 言い換えたい言葉が聞こえたらみんなで考える。

❷ 一番適切な言葉を見つける。

❸ その言葉の素晴らしさを価値付ける。

 一言アドバイス！

● 言った子供が責められることのないように配慮します。
● 個々に子供と話すことで、指導する際にも使えます。

あえて小さい声で話そう
小さい声で話すゲーム

≫≫ 教師が話していてもざわざわしてしまう

　子供って目の前の楽しいことにどうしても引っ張られがちです。教師が話していても、他の友達との話に盛り上がってしまうこともあるでしょう。そこに、「静かにしましょう」と言ってもあまり効果がありません。そもそも聞こえていないのですから。そんな子供たちに話を聞かせる方法があります。あえて聞きたいなという状況をつくります。

大きい声よりも小さい声のほうがよく聞く

　そこで考えたのが、「小さい声で話す」というゲーム。通常どおりの声でしゃべってもよいですが、あえて小さい声でしゃべることで、子供は何をしゃべっているのだろうと注意して聞くようになります。教師があえてそこをクイズっぽく話すとより効果的です。日頃からあまり大きな声でしゃべっていたり注意をしていたりすると、大きな声に対する耐性ができてしまい、話が聞けなくなってしまうのです。そこを逆手にとって小さい声で話すのがこのゲームの特徴です。

聞いている子供たちを巻き込んでうまくいく

　できれば聞いている子供たちを巻き込むのがよいでしょう。その子たちの聞く姿勢を見て、他の子たちも何を話しているのだろうと、気になり始め、話を少しずつ聞くようになります。

小さい声は"逆に"聞こえる 「小さい声で話すゲーム」

あえて小さい声で話すことによって、日頃、話を聞くことが苦手な子供たちも注意して耳を傾けるようになります。

小さい声でしゃべりつつ、少しずつボリュームを上げていく。

❶ あえて小さい声で話す。
❷ 話の内容をクイズ形式で話す。
❸ それに対して子供たちに答えてもらう。

 一言アドバイス！

● 状況によって話す場所を教室の前や後ろにしましょう。
● 声色を変えて話すのもよいですね。

時間割を書く時間を省く
ICTで時間割を伝える

>> 子供が時間割を把握していない

　次の日の時間割は帰りの会などに子供が連絡ノートなどに書くことが一般的でしょう。ただ、本書の至るところに書いているように、帰りの会という時間はかなり短く、係からのお知らせや先生からの話など子供たちにとって有意義な時間にしたいと考えています。そうすると、どうしても時間割を書くということに時間を割くことができません。

今やICTの時代

　そこで考えたのが、「ICTで時間割を伝える」というシステム。1人1台のタブレット端末が子供に配られて久しいですが、どのくらいの活用が進んでいますか？　学習のみならず、家庭との連絡ツールとしても活用の可能性は広がっています。例えばGoogleで言えば、Classroomの活用が効果的です。Classroomに時間割を掲載したり、持ってくるものを載せていれば、子供たちは時間割を書くことなく、家で明日の時間割を確認することができます。伝え忘れた伝達事項も子供のClassroomに書き込んでおけば、子供たちに伝達することもできます。

他の端末との連携でうまくいく

　基本的にタブレット端末は持ち帰りですが、家にある他の端末と連携しておくことで、持ち帰りを忘れても確認ができます。

時間割を「書く」から「見る」へ
「ICTで時間割を伝えるゲーム」

連絡ノートに時間割を書かずにICTを用いた連絡にすれば、その時間を係の活動や教師の話の時間に使うことができます。

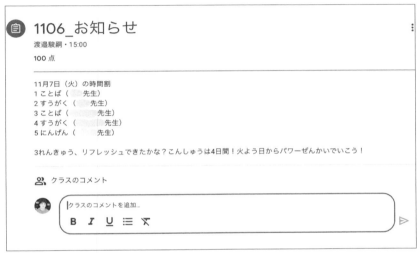

毎日の時間割をお知らせで投稿する。

❶ 共有ツールに時間割を打ち込む。

❷ 追加したい情報も打ち込む。

❸ 子供はそれを見て時間割をそろえる。

一言アドバイス！

● 休んだ子への連絡もできます。

● 宿題も同じようにオンラインで配付できます。

やらなければいけないことは無限にある

　教員の仕事って、無限に湧いてきます。終わりが見えないということはとても辛く感じることもあるでしょう。教員という仕事を楽しむために私は２つの視点で仕事をしています。

　１つは「優先順位をつけること」、２つは「歩きながら考えること」です。

　優先順位をつけることで、自分がやっている仕事を俯瞰して見ることができます。もちろん、多くの先生が「効率化」を求めてされていることだろうとは思いますが、私は「効率化」がゴールではありません。効率化して、浮いた時間に「面白いこと」を考えることをゴールとしています。「効率化」するために仕事するより、「面白いこと」をするために仕事したほうが楽しくありませんか？

　２つ目の「歩きながら考えること」は初任者時代からずっとやっていることです。運動場から職員玄関まで、教室から職員室まで、職員室から駐車場までとさまざまな場面で教師は「移動」します。その移動時間をどう過ごすかって自分の中ではすごく大切です。「もっと〇〇なことやってみようかな」「〇〇をやったら楽しそうだな」とか、考えながら歩くことが、自分の中での「仕事を楽しむコツ」なのです。もちろん休み時間は我々にとっても休み時間ですが、それ以外の時間は常に頭をフル回転させて、「子供のためにできることはないだろうか？」と考えているわけです。

　多忙だと言われるこの仕事だからこそ、教師自身も楽しさを見いだしながら日々子供たちと過ごしていくことが、結果的に子供たちの精神的な安定にもつながるのかもしれません。

第 **6** 章

係活動や学級集団づくりに
使える！

わくわく
ゲーム×システム！

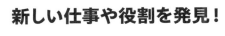

係活動移動システム

▶▶「先生! 〇〇君が係の活動をしてくれません!」

　そんな声を聞くことはありませんか? 係活動が充実してくればくるほど、そんな声は大きくなります。果たして、係活動をしないことは「悪」なのでしょうか? 個人的には「悪」ではないと考えます。もともと、係活動は「なくてもいいけど、あると学級がよりよくなる」というスタンスで位置付けています。だから、しなくても別に問題はありません。ただし、学級をよりよくしようとするために、「自分でできることはないか?」と考えることは必要であると考えます。

自分に合った学級への"貢献"を考える

　そこで考えたのが、「係活動移動」というシステムです。係活動を始めたけれど、自分が学級をよりよくするためやりたい活動がその係とマッチしないことも多くあります。だから、あえて係活動を限定せずに、自分なりに学級をよりよくする活動のためなら係を移動できるようにします。移動は担任に伝えて、各係の承認を得ましょう。

枠にとらわれずに係を運営することでうまくいく

　とはいえ、もともといたメンバーの考えは尊重する必要があるし、最終的には自分がコレだ!という係を見つけていくことも大切です。いろいろ経験しながら、自分だけで係を立ち上げることも一つの方法として考えられますね。

「係活動移動システム」で、
自分なりの学級愛を！

いろいろな係活動を経験することによって、自分なりに何をすれば学級へ貢献できるかという意識を高める活動ができます。

音楽係に
入っていたけど
……

新聞係の方が
力を発揮でき
そうだ！

自分がやりたいと思える係で活動できるようにする。

❶ システム自体を学級全体で確認しておく。
❷ 入る者拒まず、去る者追わずの感覚でいる。
❸ 自分が一番学級のためになる活動を選んで活動する。

 一言アドバイス！

● なぜその係に行きたいのかを問いましょう。
● 最終的に自分のやりたいことが見つかるようにアドバイスしましょう。

係活動の独自性を高める
お願いシステム

≫ 気付けば、どの係も折り紙を折っている

係活動は、学級がよりよくなるために自分で考えた活動に取り組むことに意味があります。しかし、突き詰めていくと、景品や飾りなどにベクトルが向いてしまい、係活動が折り紙の時間になってしまうこともあります。それ以外にも創造的な活動はたくさんできるはずなのに、もったいない！

その係の名前に関する活動を行う

そこで考えたのが、「お願い」というシステム。例えば、プレゼント係と遊び係が存在したとします。遊び係が、ドッジボールで一番強かった人にプレゼントを作っています。そうすると、プレゼント係の仕事がなくなってしまいますよね？　そこで、遊び係は、プレゼント係に「プレゼントを作ってほしい」とお願いをするわけです。そうすることによって、プレゼント係は受注という形で学級に参画し、遊び係は、本来の仕事である「遊び」に力を入れることができます。

関係しそうな係をピックアップすることでうまくいく

最初に係活動を決める際に、ある程度活動が関連しそうなものをピックアップしてから子供に提案するとよいでしょう。その中で子供たちが係同士を関連付けて、その係ならではの役割を担っていくようになります。そうすれば、それぞれが学級への所属感を高めることにつながります。

「委託」と「受注」という考え方で 係活動「お願いシステム」

係活動をする際には、自分の係ならではの活動をします。それ以外は、それに関する係に委託をして、作ってもらうなどすれば、役割が明確になります。

係同士のつながりをつくれるようにする。

❶ していることが本当に自分たちの係の活動なのか考える。

❷ 本来、その活動をしている係に活動を委託する。

❸ 委託された係は、その活動をすることで学級に貢献する。

一言アドバイス！

● 全ての係が関連付けられるように係を調整しましょう。
● 学級内だけで使えるお金などを活用してもよいですね。

言い分はお互い言うのが一番！
トラブルは一人ずつ話を最後まで聞く

≫≫ 「最初に〇〇君が!」「だってそっちが!」

　学校の中ではどこかでトラブルが起きて、それが解決してということを繰り返しています。トラブルの当事者たちは教師と話をするときに自分の言い分を我先に話すことでしょう。しかし、それでは、時系列に整理することもできないし、話に割って入ってこられては、言い分が交錯して困ったことになります。

結局、自分が言いたいことを言えたらよい

　そこで考えたのが、「一人ずつ言い分を聞く」というシステム。子供たちは、自分の言い分が聞いてもらえないのではないか、他の誰かの言い分に言いくるめられてしまうのではないかという心理に陥っています。だからこそ、教師側が一人ずつ話を聞いていくことを当事者間で確認します。そして、落ち着いて話ができる子供から事情を聞いていきます。

相手の話を遮らないことでうまくいく

　誰でも話を遮られることはいやですよね。自分が話をしているときに誰かに遮られると、違うところで怒りが噴出します。一人の言い分を聞き終わるまでは、他の関係する子供は口を挟まないことを約束しておきましょう。そうすれば、自分が話をしているときに、誰からも口を挟まれることがなくなり、子供の気持ちも収まりやすくなります。

トラブル時は一人ずつ
話を最後まで聞くこと

トラブルの仲裁をするときは、必ず一人ずつ話をしてもらいます。途中で誰かが、遮ることがないように確認をしておきます。

> まずはAくんから話を聞くね

> Bくんは黙って聞いておいてね

> Bくんがぼくの…！

一人ずつ話を聞いて、整理できるようにする。

❶ 一人ずつ事情を聞く。
❷ 事情をすり合わせて、ずれたところを聞いていく。
❸ しゃべりたいときは手を挙げて話すようにする。

 一言アドバイス！

● 子供が話すことを教師も遮らずに聞きましょう。
● 終始、穏やかな口調で話しましょう。

危険箇所は自分で地図を作るのが一番！
危険マップ作成

≫≫ 遊んでいい場所と危ない場所の区別がつきにくい

　校舎内外を問わず、遊んでよい場所は学校によってきまりがあるはずです。しかし、好奇心旺盛な子供たち。危険な場所に入り込んで遊んでいたり、危ない遊びをしていたりすることもしばしば。子供の安全を守るとともに、「どうして危ないのか？」をしっかり伝える必要があります。

百聞は一見にしかず

　多くの場合、「どうしてそんなところで遊んでいたのか？」と叱ることがほとんどではないかと思います。確かに、きまりという点で「指導をする」ことは大切です。しかし、それだけではあまり効果がありません。子供たちに、どうしてそこで遊んではいけないのかを考えさせましょう。そのためには、校内の地図やその場所の写真を渡してどこが危ないのか、どうして危ないのかを一緒に確認します。一緒にその場所に行って、実際に危険箇所を見つけることも考えられます。

掲示物の活用でうまくいく

　その子供たちとの間だけで終わってしまうと、他の子供たちがまた同じように繰り返してしまうかもしれません。学級の掲示物として、「〇〇君たちが見つけた危険箇所！」として紹介すると、未然防止につながるだけでなく、伝えてくれた子供たちの自己肯定感も高められます。

「危険マップ作成」で
安全安心な校内環境づくり

子供たちと一緒に学校内外の危ない箇所を校内地図に書き込んでいきます。掲示物として活用して事故の未然防止につなげましょう。

子どもが調査して、危険な場所を確認する。

❶ 校内安全マップを作る。

❷ 学級内で掲示物として使う。

❸ 作ってくれた子をほめて、全体の事故防止につなげる。

一言アドバイス！

● 1つのマップにいろいろ書き込めるようにすると GOOD ！
● 学級通信などでお知らせしてあげても GOOD ！

係の連絡も共有ツールでバッチリ

お知らせは文字にして

≫ せっかくお知らせをしたのに情報が埋もれてしまう

　朝の会などで子供たちが係の活動の連絡をすることがあると思います。係の活動が活発であればあるほど、子供たちからのお知らせはたくさんあります。しかし、せっかくお知らせをしたのにたくさんあると、前の情報が子供たちの頭の中から消えていってしまいます。それではせっかく係活動が活発になっても意味がありません。その情報を ICT のタブレット端末で残しませんか？

誰がどの情報を出したか丸わかり

　わざわざ子供の言葉で朝の会などで伝えなくても、文字として残っていれば、子供たちはいつでも見ることができます。例えば、Google の場合は、Google ドキュメントが考えられます。ドキュメントに日付を打ち込み、誰がどのような情報を書き込むか明記すれば、子供は情報をさかのぼって見ることができるようになります。そこに画像データなどを貼り付ければ、より詳しく説明することができます。

リンクを活用すればうまくいく

　子供がこのツールを活用するためには、共有のドライブなどのフォルダを作っておく必要があります。情報はそこに集約されますが、ハイパーリンク等のツールを使えば、子供が係の活動に活用することも可能になります。

「話す」から「見てもらう」へ

お知らせのデータを共有ファイルで共有することで、情報が消えていくことを防ぐことができます。

B *I* U̲ S̶ A̲ ✏️ ☰ ☰ ☰ ✓☰ ☰ ☰ ☲

〇年〇組　全体連絡ドキュメント

【10月16日（月）】
バースデーかかりより　誕生日パーティーについて
　　今日〜さんの誕生日なので、給食時間に牛乳で乾杯をします。

遊びかかりより　昼休みの遊びについて
　　今日の昼休みにドッジボールをします。チームやルールについては、下のリンクを開いて読んでおいてください。
<u>1016_昼休みドッジボールのルール等</u>

プレゼントかかりより　アンケートについて
　　作ってほしいプレゼントに関するアンケートです。回答期日は，10月27日までです。
<u>作ってほしいプレゼントのアンケートについて</u>

伝えたいことを、共有データに打ち込んでおく。

❶ 共有ファイルを作成する。
❷ 共有ファイルに子供が打ち込む。
❸ 朝、子供がその共有ファイルを見る。

━一言アドバイス！━

● 検索ツールを使えば、必要な情報を探すことができます。
● 教師が伝えたいことも書いておくとよいですね。

たくさんの友達と仲良くなろう
子供たちで
席替えシステム

≫ どのくらいのペースで席替えをする？

　席替えのペースって悩みますよね。できるだけたくさんの子供たちと仲良くなってほしいですが、隣の子との関係性をしっかり見るためにも、ある程度時間を空けるということも考えられます。ただ、あまり反りが合わない子同士ではできるだけ早く席替えをしたほうがよい場合もあります。

意図をもって席替えをする意味

　若手の研修会などでは、席替えをちゃんと意味をもってやることの大切さを教えられることもあります。しかし、果たして本当にそうでしょうか？　子供たち自身が席を選ぶことこそ本当の意味で、子供たちの意図が見えるものではないでしょうか？　だからこそ席替えのときは子供たちとしっかり話し合いながら席を決めていきましょう。こちらが一方的に席を提示するのではなく、どのような席にしたいのか、子供の意図を汲んで席替えの場所を提案してあげましょう。

子供に提案させればうまくいく

　席替えのタイミングは長くても1か月、短ければ2週間くらいで替えていくとよいでしょう。前述した通り、子供たちがどのような席にしたいのかを考えて、提案をしてもらえば、あとは子供たち自身で考えて席替えを進めることができます。

席替えは
教師が提示するものではない

しっかりと話し合いの場を設けることで、みんながある程度納得できる席替えを子供たちでやっていきます。

先生！席がえの案ができました！

ハイ！

席替えを子供の力でできるようにする。

❶ 席替えの場所を子供が考える。

❷ 子供が考えた席替えを教師が確認する。

❸ 問題なさそうなら席替えを行う。

 一言アドバイス！

● 席替えの記録を残しておくと見比べられるので、偏りを防ぐこともできます。

アンケートで数値化
学級力アンケートシステム

≫≫ 自分の学級がよりよくなっているという評価

　子供たちにとって、自分の学級が今どのレベルにあり、何をがんばったらもっと伸びるのかということは案外見えていません。ただ、なんとなく毎日を送っていても、自分たちの成長に気付くことはできません。我々、大人もそうですが、何かできるようになったという感覚はさらなる成長に欠かせません。

学級力アンケートをとる

　そこで考えたのが、「学級力アンケート」というシステム。例えば、学級の能力を学力、生活力、体力、安全力という4つの力で表します。こういった能力は学校教育目標から学年目標、学級目標と段階を追って降りてきているはずです。これらの力が伸びているのか1から4の数字で子どもたち自身が評価をします。中高学年ならもっと具体的にどのようなことができたのか？　今、学級に何が足りないのか？といった記述枠を設けてもよいでしょう。それをExcelやスプレッドシートなどの表計算ツールを用いてグラフ作成し掲示します。

振り返りの位置付けでうまくいく

　できたグラフを見ながら子供たちと話し合う時間を設けます。できているところはしっかりほめ、まだまだ伸びていけるところは期待を込めて子供たちに言葉をかけ、次への課題意識をもたせましょう。

可視化することでやる気を引き出す「学級力アンケートシステム」

アンケートで学級の能力を数値化することにより、自分たちががんばっていること、もう少しがんばれることを可視化します。

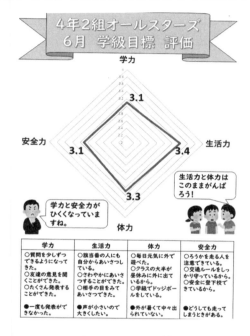

❶ 目標に沿ってアンケートの項目を考える。

❷ でき上がったアンケートを子供たちに回答してもらう。

❸ アンケートを集約し、グラフにまとめる。

 一言アドバイス！

● 先月と今月の色を変えてグラフを重ねるのもあり。

● 学級通信などでお知らせしても OK。

いいところを見つけて学級をよりよく
いいとこ見つけ

≫ 教師が話すより……

　教師が子どもたちのよさを認めてほめることはとても大切なことです。しかしながら、子供たちは友達からの評価により、自信を得たり、落ち込んだりもします。ですから、子供たちが子供たち自身を認め、さらに、学級全体に肯定感を広めていくことがよい学級を作っていく近道になります。

帰りの会で「いいとこ」を発表し合う

　そこで考えたのが、「いいとこ見つけ」というシステム。帰りの会などでこの「いいとこ見つけ」を位置付け、子供たちが手を挙げて友達がしてくれたいいことや、今日起きた素敵なことを発表します。名前を呼ばれた子供たちはとてもよい気持ちになるし、他の子供たちにもその行動は伝播します。出てきた言葉を教師が書き留めて短冊などに残し、学級掲示などをすると素敵な行動が学級の中にあふれます。

係と連携すればうまくいく

　あくまでも学級のいいとこ見つけが目的です。もちろん、他の学級や、教師のいいところを見つけてくれる子供もいますが、学級のいいところを見つけることが中心になるようにしましょう。名前を呼ばれた子供が幸せな気持ちになるように、プレゼント係やくじ引き係などと連携してポイントが貯まれば、くじを引けたり、プレゼントがもたえたりする行動を行うこともよいでしょう。

素敵な言葉を
学級の中に蓄積していこう

「いいとこ見つけ」を帰りの会などに位置付けることで、学級の中で一日に起きたいいところを子供たち自身で見つけていくことができます。

いいところを言う素敵な時間を位置付ける。

❶ 帰りの会で「いいとこ見つけ」を位置付ける。

❷ 子供が他の子のよいところを見つける。

❸ 名前を呼ばれた子供はプレゼントなどをもらえる。

一言アドバイス！

● 帰りの会の時間もあるので一日に人数を制限するとよいでしょう。

● 名前を呼ばれる子が固まりすぎないように注意しましょう。

COLUMN ⑥

やったことで見えてくるもの

　若年教員のときに「学級経営は一日にしてならず」という言葉を先輩の先生方からよく言っていただきました。「日々の声かけや活動を通して学級を作り上げていくことが大切なのだな」と若いなりに学級経営の根幹になる部分を理解したような気がします。

　ただ、そこには落とし穴が一つ存在しました。その落とし穴に気付いたのは、3年目で担任した2年生の子供たちとの1年間でした。3年目の私は、1年間の見通しもはっきりしてきたことと同時に、クラス替えがあったとはいえ、昨年度担任した学年の子供たちともう一年生活できることにうれしさを感じていました。

　しかし、なかなか学級経営がうまくいきません。去年うまくいっていたことがかみ合わないのです。「どうして？」「去年はうまくいったのに……」そんな思いが頭をぐるぐるしていました。

　それを変えてくれたのが当時の研究主任だった先生でした。
「固執せずに、やめてみることも大切だよ」
と教えてくださいました。今思えば、子供も違うし、関わる友達も違う、学年の発達段階も違う中で、同じことが通用すると思っていたことが間違いでした。おそらくそのときは、子供の思いなんて無視して、こちらの理想ばかりを押しつけていたのだろうと思います。だからこそ、「合わなかったらやめてみる」「時期が来たと思ったらはじめて見る」ということが大切なのだと感じました。子供の成長を一番に考えていくと、自ずとその思考がスッと入ってくるようになりました。

　幸いにも、その子たちを6年生でも担任することができ、無事中学校に送り出すことができました。

おわりに

　本書の執筆を終え、最初に感じたのは、「楽しさ」と「納得」の大切さでした。学級経営上の悩みを「ゲーム」で解決することに関してはそう難しくはありませんでした。それは、子供たちがゲームに楽しさを見い出して、どんどん取り組んでくれたからです。

　一方、「システム」で解決することにかなりの時間を費やしました。まず、自分の中で、「ルール」と「システム」の違いが明確でなかったからです。学級経営の本を読み漁っていると、「ルール」に関する本が多くありました。そして、驚くほどに「システム」と名のつく本は少ないのです。

　そこで、私なりに「ルール」と「システム」を解釈することにしました。そこで考え出したのが、「システムは学級全体を覆う枠組みである」「ルールはそのシステムを動かしていく動力の部分である」という結論です。だからこそ、「システム」は簡単な枠組みだけを子供たちに示して、学級の実態に合わせて子供たちと一緒に変えていけばよいのだと思います。

　私が目指すのは、子供が「学校が楽しい！」と言って毎日笑顔で学校に来ることです。同じ願いをもっている先生方も多いと思います。ただ、その中で日々悩み考えすぎている先生がいらっしゃることも事実です。そのために、本書で提案した「システム」と「ゲーム」が役に立つことを願い、これからも目の前の子供たちとの生活を楽しみたいと思います。

　最後に、本書を刊行するにあたって学陽書房編集部の山本聡子様、駒井麻子様には、多大なるご尽力をいただきました。山本様の励ましのおかげで刊行することができました。心から感謝を申し上げます。

渡邉　駿嗣

著者紹介

渡邉駿嗣（わたなべ　としつぐ）

福岡教育大学附属福岡小学校教諭。平成2年生まれの34歳。10年間の福岡県教員経験を経て現職。専門教科は算数科教育。SNS総フォロワー数1.2万人。インスタグラムでは、学級経営と教科教育について発信を行っている。著書に『授業にすぐ使えて子どもが夢中になる！　1年生国語・算数あそび』、共著に『Well-Beingなクラスになる♪　5分あそび』樋口万太郎・神前洋紀編著（以上、学陽書房）がある。

楽しく学習・生活ルールが身につく！
学級づくりに効く！
わくわくゲーム×システム

2024年3月13日　初版発行

著　者	渡邉 駿嗣（わたなべ　としつぐ）
発行者	佐久間重嘉
発行所	学 陽 書 房

〒102-0072　東京都千代田区飯田橋1-9-3
営業部／電話 03-3261-1111　FAX 03-5211-3300
編集部／電話 03-3261-1112
http://www.gakuyo.co.jp/

ブックデザイン／能勢明日香　イラスト／内野しん
DTP制作／越海辰夫　印刷・製本／三省堂印刷

好評の既刊！

映える！＆すぐ作れる♡
教室で役立つほめられアイテム

金子真弓 著　樋口万太郎 監修

A5判・並製・120ページ　定価2090円（10%税込）

ISBN978-4-313-65464-8

「かわいい！」と子どもが喜ぶ！　保護者や同僚にもほめられる！　そして子どもに
しっかり生活ルールや学びのルールがわかってもらえる、学校生活に役立つアイテム
がいっぱい！　子どもの笑顔間違いなしのアイテムばかり！

好評の既刊！

Well-being なクラスになる♪
５分あそび

樋口万太郎・神前洋紀 編著

A5 判・並製・160ページ　定価 1980 円（10％税込）

ISBN978-4-313-65481-5

５分でできるあそびで、クラスの雰囲気がパッと変わる！　学級が楽しくなる！　新学期のアイスブレイクに使える仲よくなれるあそびから、空気を切り替えたいときや、授業導入に使える教科のあそびが満載！　どの学年でも使える！

好評の既刊！

授業にすぐ使えて子どもが夢中になる！
1年生国語・算数あそび

渡邉駿嗣 著　樋口万太郎 監修

A5 判・並製・128ページ　定価2090円（10％税込）

ISBN978-4-313-65497-6

1年生に「授業っておもしろい！」と思ってもらえるあそびが満載！　すぐできて授業の導入や展開に使えるあそびから、授業のネタに困ったときに1時間まるごと遊べる授業案までしっかりカバー！　どんな子もワクワク楽しめる！